U0586193

德州学院学术著作出版基金资助项目

山东省教育科学"十二五"规划（重点）课题
（课题名称:公共基础课教学培养学生问题解决
能力的研究,课题编号:2011GZ033）成果之一

ERTONG ZHINENG FAZHAN
BU PINGHENG YANJIU

儿童智能发展不平衡研究

霍洪田 著

人民出版社

目　录

导　言

随着科技发展与社会进步，当今世界各国对于儿童智能的发展都给予了高度的重视，每年都会投入大量的资源支持社会各界开展教育研究及科学实验。尤其是西方发达国家，多年来一直致力于促进儿童智能发展的研究及实践。例如美国政府启动实施的 Head Start 项目，从 1965 年开始，历时近 38 年，覆盖全国适龄儿童的 65%，积累了儿童智能开发的丰富经验。项目通过在社区中心、门诊部及其他公立或私立机构，由专业人员直接对儿童进行训练，或由专业人员与儿童父母直接接触，通过改变父母的育儿行为，提高父母的育儿技能，改善家庭环境中的育儿刺激，从而达到最终改善儿童发育水平的目标。Head Start 项目得到了最广泛的实施和评估，结果显示，Head Start 项目对儿童心理发育和未来成功有长期和积极的影响。① 紧接着，美国政府又于 1989 年推出了全国性的"脑科学计划"，把 1990—2000 年命名为"脑的十年"；1996 年，日本开始启动为期 20 年的"脑科学时代计划"；2003 年 1 月，日本启动了"脑科学与教育"研究项目，逐步构建出理想的教育体系和教育教学方法；1998 年，法国推出了"学生最重要的是要学会观察、学会动手、具有科学素养和能力"的教育纲要。20 世纪末，我国的教育工作者也认识到："人脑的开发，其意义甚至大于物质的开发和利用。"至此，儿童智能开发已成为全世界的教育潮流之一。

但是，对于如何科学、合理地培养与开发儿童智能，各个国家都经历了

---

① 　参加刘彤：《美国"开端计划"历史研究》，河北大学 2007 年博士论文。

一个相当漫长的探索期。特别是第二次世界大战之后，学前教育被正式纳入整个教育体系，儿童智能培养的关注度也随之提高。如何确保儿童能够接受高质量的教育，最大限度地开发他们的潜能，消除不良环境因素的影响，已经成为各国政府、教育学家、儿童保健工作者和家长共同关注的问题。

在发展中国家，由于经济条件、社会文化水平、传统育儿观念等因素的限制，儿童往往得不到最优的教育和照顾，特别是那些处于不利的生活教育环境下的儿童以及存在着智能发展明显失衡症状的儿童，对他们智能发展的早期干预尚未得到应有的重视。有关调查报告指出，我国儿童早期智能开发的理念已经得到了社会和家长的广泛关注，但目前仍存在一定的误区，如突出硬性灌输，忽视独立思考；突出特长教育，忽视全面发展；突出知识学习，忽视能力培养；等等。因此，我们应该更加重视对儿童智能的研究，从源头上加强对儿童智力和能力的研究。

关于儿童多元智能发展不平衡的研究

智能的概念有多种，分析角度不同，所总结的概念内涵和外延也不尽相同。从智力与能力的角度出发，可把智能定义为智力和能力素质的综合基础；从潜能的角度出发，可把智能定义为智力和能力的潜能；从多元智能的角度出发，可将其定义为一种人性整合的生活操作模式，是解决问题的能力和创造能力。[1] 这些概念界定都有其充分的科学依据，笔者的研究并非是去辨析这些纷繁复杂的概念，而是把着力点更多地放在了儿童智能不平衡的研究和开发培养上。心理学的研究表明，智力和能力不是与生俱来的，每个人都可以改进并扩展自己的智力和能力；每个人的智能是多元的，并有自己独特的智能组合。

本研究通过对加德纳多元智能理论内涵的分析与探索，系统深入地探

---

[1] 陈兴瑞、习海旭、张宁：《基于专题学习网站的儿童智能开发研究》，《远程教育杂志》2011年第3期，第78—82页。

讨了儿童多元智能发展不平衡问题，并在此基础上对智能、智力与能力之间的区别与联系，如何基于多元智能实施"因材施教"，如何正确认识家庭教育、学校教育及社会教育之间的复杂关系，如何打破遗忘规律、提高记忆成效，以及先天智能与后天努力之间的关系等问题，进行了一系列的研究探索。

研究观点如下：第一，加德纳教授提出的多元智能并非匀速发展，因此，儿童多元智能的发展是不平衡的，有的前期发育早而后期发育迟缓；有的前期发育慢而后期发育迅速，甚至成年后还在继续发展。第二，社会上往往把智能和智力、能力混同，它们之间的区别在于：智能是生理基础；智力是在智能基础上运用知识、经验的心理活动；能力是在智能基础上运用智力的实践活动；将智能独立理解，更有利于对智力和能力的理解。第三，能力是一种合力，是某几种智能与自己知识、经验的合力，其有多种多样的组合，不同的组合就会产生不同的能力形式，因此会出现"三百六十行，行行出状元"。第四，每个人的强项智能是不同的，在个体发展的一生中，强弱项智能之间也可以是轮替的，即使强项智能差不多的人，在解决问题时，所调用的智能组合、排列也是不一样的，所以，人们的兴趣不同，也会发生阶段性转移。第五，关于儿童学习理论的研究：行为主义与认知主义统一于人一生的发展过程，行为主义在儿童12岁（因人而异）之前一直在儿童教育中占据主要地位，12岁之后儿童则开始慢慢走向认知主义模式。第六，对于儿童教育而言，家庭教育是基础，学校教育是主导，社会教育是家庭教育和学校教育的扩大和补充，三者互为补充，相辅相成。第七，我国传统教育方法中的"死记硬背"有一定的合理性，但"死记硬背"应建立在对遗忘规律掌握的基础上。第八，对"失败是成功之母"提出不同的看法，笔者认为应是"成功是成功之父"，每次的成功都是在之前成功的基础上累积起来的，把上一次成功的知识和经验转移或迁移到下一个问题中，又可能成功，不断的小成功，慢慢积累起大的成功。这些理论成果是对当前儿童智能发展研究的有益补充，并对当前的儿童教育问题有一定的启发意义。

本研究突破了已有研究大多关注于理论层面探讨而忽视儿童智能发展实

践应用的局限，在提出儿童智能发展不平衡理论的基础上，对儿童智力的构成、培养及教育问题，尤其是家庭教育问题进行了系统深入的研究和探讨，并提出一些核心观点，如"儿童多元智能发展不平衡""能力是一种合力""'死记硬背'有一定的合理性""成功是成功之父""行为主义与认知主义学习理论对立统一的关系"等，都在一定程度上颠覆了传统观点对儿童教育的认识。此外，本研究也突破了传统著作理论演绎的方式，而是采用"理论先行，案例相辅"的写作方法，既把基础理论阐释清楚，又将理论应用到实践工作中进行检验。这样，既保持了理论的完整性，也使得内容更加充实、行文更加活泼。这不仅拉近了理论研究成果与普通民众的距离，推进了儿童智能发展理论的传播与普及，同时也使得教育研究更契合儿童发展的实际，与教育实践问题实现更为紧密的结合。而且，为了增强本书的趣味性，减轻枯燥的理论分析对读者带来的不适，笔者在书中还穿插了一些手绘图。这些手绘图既形象地辅助了理论的说明与阐释，同时也让本书的内容变得更加生动活泼。

未来研究的工作

理论思考是一个痛苦的过程，但不经过这个痛苦的过程，理论又很难实现"蝉蛹脱壳"的转化。本研究整体上都倾向于把抽象的理论应用到儿童多元智能发展不平衡的研究工作中，并指导儿童教育实践问题的开展。但是，理论毕竟与实践存在着一定的距离，本研究所要完成的工作就是去拉近，或者说是填补这个距离。这也是多年以来困扰众多教育研究者的难题。而笔者试图为儿童智能发展不平衡研究勾画一个宏观的图景，也只是做了一个大胆的尝试，对于儿童多元智能发展不平衡的研究而言，仅仅是个开端，其中很多的问题尚待教育研究领域的广大工作者继续深入探讨。

在本研究中，笔者囿于专业背景及知识结构的局限，对儿童多元智能发展不平衡问题仅仅进行了宏观上的描述和分析，其涉及的概念内涵与外延、核心特征、理论内容的构成等研究都尚未有效开展。对于儿童遗传智能如何开发与培养还没有深入研究，只是涉及对智力和能力的理论分析。对于如何针对儿童多元智能发展不平衡问题实施有效的教育等问题，本研究目前也只是结合具体的案例做了一些初步的分析和探索，尚缺乏系统深入的模式构建与实践操作，因而，研究内容上有些离散，中心线索不够突出。

认识到儿童智能发展不平衡研究只是万里长征的第一步，后续的研究道路还很长。尤其是如何针对儿童多元智能发展不平衡提高教育的针对性和成效；针对不同智能发展状态的儿童教育工作应该如何实施；是否应该针对儿童智能发展不平衡的现实实施分组教育；多元智能不平衡发展对非智力因素发展的影响；多元智能不平衡发展对小学生全面发展的影响；如何提高自身的智能等，这些问题都应在未来的儿童多元智能发展研究中给予高度的重视。当然，这也是笔者后续研究中重点关注的内容。

第一部分

儿童多元智能发展不平衡理论

儿童（本研究主要指0—12岁左右的孩子）在成长过程中，有的发育早、有的发育晚，一般发育早的儿童被认为什么都早，是"神童"，发育晚的则相反。

还有一些现象，在学习过程中，有的同学每天只学习8个小时，每次考试却都是前几名；而有的同学每天学习12个小时，却在中游徘徊。学习好的学生考到名牌大学，后来的工作也不错，生活稳定、安逸；其他专科毕业的同学后来也有一小部分成为企业家或富商。人们用"三百六十行，行行出状元"来解释这些问题，也是知其一不知其二。

读了加德纳教授的多元智能理论后，感想颇多，似乎找到了解释这些问题的金钥匙。通过思考和研究提出了"儿童多元智能发展不平衡"和"能力是一种合力"等观点，由此，例如"神童不神""大器晚成""三百六十行，行行出状元"等问题迎刃而解。

第一章

加德纳多元智能理论的认识

美国哈佛大学教授加德纳提出的"多元智能理论"在中国已逐渐被接受，对此，研究者也都期待更加深入的认识、理解和应用。那么，什么是多元智能理论？多元智能对教育有何启示？这一章，就从加德纳的多元智能说起。

加德纳教授提出的"多元智能理论"具有强大的理论生命力，为我国当前正在实施的素质教育提供了现实的理论支持，拓宽了素质教育实践的思路，下面就简要介绍"多元智能理论"。

一、多元智能理论的产生

（一）加德纳提出多元智能理论

多元智能理论的提出者——霍华德·加德纳是世界著名教育心理学家，被誉为"多元智能理论"之父。《纽约时报》称他为美国当今最有影响力的发展心理学家和教育学家；哈佛商学院教授称"加德纳是本时代最明亮的巨星之一，他突出表现人类成功的不同智慧"；美国特质教学联盟主席称"推动美国教育改革的首席学者，加德纳当之无愧"。

20 世纪 80 年代，加德纳提出多元智能理论，指出人的智能是多元而非单一的，主要有语言智能、数理—逻辑智能、身体—运动智能、空间智能、音乐智能、人际智能、内省智能、自然观察智能、存在智能。

多元智能理论自提出以来已经广泛应用于欧美国家和亚洲许多国家的幼儿教育上，并且获得了极大的成功。

（二）多元智能理论产生的背景

1. 对传统智力观的质疑

传统智力观认为，智力是以语言能力和数理—逻辑能力为核心、以整合的方式存在的一种能力，包括观察力、记忆力、思维力、想象力和注意力。在这样的认识基础上，编制出各种各样的智力测量表来测量一个人的聪明程度（以智商 IQ 为指标）。智商越高的人越聪明，反之亦然。多年来，这种观念一直被人们普遍接受。但是现实生活中人们发现：一方面，大量的成功人士并非那些智力测试中显示智商很高的人；另一方面，许多被认定为智商很低甚至弱智的人却在某些领域表现出了突出的才能或聪明过人之处。这样的例子不胜枚举，同时说明，单纯以语言能力和数理—逻辑能力来判定一个人是否聪明的"智商说"并不科学。

2. 社会发展对不同人才的需求

当今社会发展的一个重要趋势就是社会分工越来越细，行业和领域越来越多，每一行业和领域的知识、技能也越发专业。另一方面，科学发展使得学科知识既高度分化又高度综合，对人才的要求既要博又要专，这样才能推动科学技术向更深层次发展。也就是说，社会发展和科技进步对人才的需求越来越趋向多样化。

传统智商理论及其测试只反映人的某一方面或者某几方面的智力，使许多智商不是很高、但有其他方面特长的人才被埋没，也使教育成为只注重单一智力发展的培养单一类型人才的教育。传统的智力理论及其影响下形成的教育观和人才观已经不能满足社会发展的需求，与社会和时代的发展出现隔阂。新的时代呼唤新的智力理念，需要新的教育观和人才观。正如加德纳所说："时代已经不同，我们对才华的定义应该扩大。教育对儿童最大的帮助是引导他们走入适应的领域，使其潜能得以发挥而获得最大的成就感。今天我们完全忽略了这个目标，我们实行的是一视同仁的教育，仿佛要把每一个儿童都教育成大学教授。对每个人的评价也都是依据这个狭隘的标准。我们应该做的是减少评比，多花心力找出每个人的天赋加以培养。成功可以有无数种定义，成功的途径更是千变万化。"①

3. 美国追求优质教育的改革氛围是多元智能理论产生的社会大背景

二战后的美国教育，一直处于不断的变革之中。由于长期受进步主义教育运动和杜威的实用主义教育理论的影响，美国的教育实践很重视让儿童动手做而不重视系统的学科知识的教学，因此教育质量普遍下降。因受到苏联第一颗人造地球卫星发射的刺激，美国颁布《国防教育法》，此后，美国的教育改革就一直以提高教育质量为中心，如 20 世纪 60 年代的以科南特为首的新传统派运动和以布鲁纳为代表的结构主义运动乃至 20 世纪 70 年代的"回到基础"运动，都是在作加强学术、重视智力训练以提高教育质量的努力。而到了 20 世纪 80 年代，在经济、科学与技术创新方面美国受到日益崛起的西欧及日本的挑战，在新的国际形势下，美国产生了强烈的危机意识，进一步提出要提高教育质量、为国家培养高水平人才的迫切要求，由此导致 1983 年的《国家处于危机之中，教育改革势在必行》、1994 年的《2000 年目标》等文件的出台。可以看出，美国朝野对教育质量以及保证教育质量的评估体制的重视已经形成了一股席卷全国的运动。而多元智能理论正是在这段时间产生，并走过了从一开始的备受争议到后来成为教育改革的一支重要力量的漫漫长路。不难推测，正是因为多元智力理论蕴涵着的提高教育质量的潜在可能性使它在教育实践界获得如此声誉。

美国多元文化教育运动的发展也为多元智能理论的产生和发展起了推动作用。美国 20 世纪 60 年代的种族复兴运动强调学校在通过主流文化形成儿童的共享文化的同时，应充分尊重其他民族群体文化也是整个国家文化构成成分的事实，实施多元文化教育。而 20 世纪七八十年代以来，美国移民的进入加剧的语言和文化的差异也刺激了多元文化教育的发展。由此导致了学

---

① 《幼儿情商教育课程研究》，2014 年 12 月 19 日，见 http://www.doc88.com/p-9753386432 348.html。

校中文化差异的加剧，社会各界开始寻求在学校教育中确保对文化差异的欣赏。另外，少数民族儿童一直以来学习成绩不高，在潜力未充分发挥者和辍学的儿童中少数民族占绝大部分，逐渐引起社会各界对当时教育体制的平等问题的关注：要求学校教育确保人人都有同样的成功的机会，在学校课程和教学当中渗透多种族多文化的视角、体验，于是多元文化教育成为美国改进当时教育的一剂良药。

4. 加德纳本人的研究积累

加德纳是一位发展和认知心理学家，在哈佛大学期间，他曾与美学哲学家 Nelson Goodman 共事，在他的第一本书《艺术和人的发展》（1973 年）中，加德纳指出皮亚杰的发展模式只适用于"最终导向科学思维的思维过程，其终极状态可以非常逻辑地表达出来"，在这种批判的基础上，他考察了创造性活动中认知过程的发展，开始着重探索伟大的艺术家的思维过程，并相继出版《智能的探索》（1981 年）、《艺术、智能与大脑：关于对创造力的认识途径》（1982 年）。同时，他也开始在波士顿老兵管理医院研究大脑损伤病人。他发现其中有许多人的大脑的一个核心功能遭受了破坏性的损伤，但其他功能却丝毫无损。20 世纪 80 年代以来，他开始关注教育，同时致力于设计以表现为本的评估、追求理解的教育以及根据多元智能来获得更为个性化的课程、教学和评估。

可以说，多元智能理论的提出是他个人对正常儿童和天才儿童以及那些大脑受损成人进行多年研究的结果，正是对人的潜力及其发展的研究兴趣把他带到了学习和教育领域。

（三）多元智能理论产生的过程

1. 20 世纪初，法国心理学家比奈创造了智力测验，用来测量人的智力的高低。

2. 1916 年，德国心理学家施太伦提出了"智商"的概念：智商即智力商数，它是用数值来表示智力水平的重要概念。

3. 1935 年，亚历山大第一次提出"非智力因素"这个概念。所谓"非智力因素"是指记忆力、注意力、观察力、想象力、思维力等智力因素之外的一切心理因素，主要包括动机、兴趣、情感、意志、性格等，这些非智力因素都是直接影响和制约智力因素发展的意向性因素。但是，这一理论提出后，并未受到人们的关注。

4. 1967 年，美国在哈佛大学教育研究生院创立"零点项目"，由美国著名哲学家戈尔曼主持。"零点项目"的主要任务是研究在学校中加强艺术教育、开发人脑的形象思维问题。此后二十年间，美国对该项目的投入达上亿美元，参与研究的科学家、教育家超过百人，他们先后在一百多所学校做实验，有的人从幼儿园开始连续进行二十多年的跟踪对比研究，出版了几十本专著，发表了上千篇论文。多元智能理论就是这个项目在 20 世纪 80 年代的一个重要成果。

哈佛大学霍华德·加德纳教授在参与此项研究中首先重新考察了大量迄今没有相对联系的资料，即关于神童的研究、关于脑损伤病人的研究、关于有特殊技能而心智不全者的研究、关于正常儿童的研究、关于正常成人的研究、关于不同领域的专家以及各种不同文化中个体的研究。通过对这些研究的分析整理，他提出了自己对智能的独特理论观点。基于多年来对人类潜能的大量实验研究，加德纳在 1983 年出版的《智能的结构》一书中，首次提出并着重论述了他的多元智能理论的基本结构，并认为支撑多元理论的是个体身上相对独立存在着的、与特定的认知领域或知识范畴相联系的九种智能，这些为多元智能理论的最终提出奠定了理论基础。

二、多元智能理论的内涵

加德纳认为过去对智能的定义过于狭窄，未能正确反映一个人的真实水平。他认为，人的智能应该是一个度量他本身解题能力的指标，同时加德纳也否认存在一个普遍的智能。为此，他从生物科学、发展心理学的角度和逻辑分析出发提出多元智能理论，认为人的智能主要包括语言智能、数理—逻辑智能、身体—运动智能、空间智能、音乐智能、人际智能、内省智能、自然观察智能、存在智能（加德纳后期补充）。

那么，何为智能？加德纳认为智能就是一种处理信息的生理潜能，"一般性的认为，智能是某种智力的实体，它们比高度专门的信息处理机制要宽泛，比大多数的一般能力，如分析、综合或自我感却要狭窄得多。然而，每一种智能都按照自己的方式运作，都有自己的生物学基础，这是由智能的本质所决定。""智能最准确的看法，是认为它们是一种潜在的能力，对于拥有某一种智能的人来说，不存在阻碍他运用这一智能的环境。"① 智能是一种潜能，随着年龄的增长，智能也在发展，发展速度因人而异。智能在我们解决问题和创作时体现出来，后天环境引导智能的发展。智能会有高低之分，比如有的儿童天生聪慧，而有的儿童天生愚笨，但没有优劣之分，不能说哪种智能好，哪种智能差，它们处于平等的地位。

多元智能理论具体涵义如下：

1. 每一个体的智能各具特点，根据加德纳的多元智能理论，作为个体，我们每个人都同时拥有相对独立的九项智能，但每个人身上的九项相对独立的智能在现实生活中并不是绝对孤立、毫不相干的，而是以不同方式、不同程度有机地组合在一起。正是这九种智能在每个人身上以不同方式、不同程度组合，使得每一个人的能力各具特点。

2. 多元智能理论重视的是多维地看待智能问题的视角。在加德纳看来，承认智能是由同样重要的多种潜能而不是由一两种核心潜能构成，承认各种智能是多维度地、相对独立地表现出来而不是以整合的方式表现出来，应该是多元智能理论的本质之所在。

下面就一一对多元智能进行阐释：

（一）语言智能

语言智能是指具有有效的运用口头语言或文字表达自己的思想，灵活掌

---

① ［美］霍华德·加德纳著，沈致隆译：《智能的结构》，浙江人民出版社 2013 年版，第86—87 页。

握语音、语义、语法，具备言语思维、言语表达和欣赏语言深层内涵的生理潜能，这种潜能通过后天环境的改变、通过语言表达能力表现出来。语言智能较强的人可能适合的职业是：政治活动家、主持人、律师、演说家、编辑、作家、记者、教师等。

语言智能是加德纳多元智能理论中最常涉及的智能，语言智能在生活中可以随处体验，但并不代表我们每个人都会有非常出色的语言智能。语言智能有高低之分，因此有些人可以成为出色的演说家，而有些人却连话都说不清楚；语言智能也有发育早晚的问题，所以有的儿童不到一周岁就会说话，而有的儿童却要到三四岁才会说一些"爸爸、妈妈"等简单的词语。①

图 1-1　演讲家在演讲

语言智能较强的人往往表现为：

1. 能够模仿他人的声音、语言；有效地阅读；能够理解、概括、分析或解释并记住所阅读的内容；懂得随机应变、善辩，有说服力。

①　参考《八大智能专业知识》，2012 年 4 月 25 日，见 http：//wenku. baidu. com/view/0705434ce45c3b3567ec8b74. html。

2. 有效地"写作"，能了解并活用语法规则、拼写、标点，也能有效地运用词汇。

3. 显示出学习其他语言的能力；对新闻杂志、诗歌、讲故事、辩论、演讲、写作或编辑等活动或工作有浓厚的兴趣。

家长或教师可以通过以上表现形式，来推测儿童的语言智能是否较强。

语言智能较弱的人常常表现为：

1. 不太喜欢读书，尤其是没有图画的纯文字的书籍，纯文字的书籍对他来说没有什么亲切感，密密麻麻的文字使他觉得很难认真去阅读，从而很少能从中获得较多的知识，而且很多感到疑惑的问题他通常不会通过阅读书籍去寻找满意的答案，因为这些文字所阐述的问题让他觉得难以理解和掌握。

2. 通常不大喜欢玩文字游戏，比如纵横填字游戏、文字接龙、猜谜游戏等，也不大擅长绕口令、俏皮话、双关语或儿歌，对于这方面反应不是很灵敏，而且缺乏相应的知识储备，所以做起来感觉比较困难；拼写比较困难，比较容易搞错一些音近字、形近字。

3. 喜欢从电视中获得更多资讯，喜欢电视这种直观画面提供的信息；在学校里，对语文历史之类的课程不是很感兴趣。

4. 不是很擅长用语言和别人沟通，谈话的过程中条理性、系统性不是很强；不善于讲故事、说相声等语言类表演。因为在讲的过程中他表现的不是很生动，语音语调掌握得不是很好，因而相对比较枯燥，不太容易吸引大家的注意力。

5. 运用文字思考、用语言表达和欣赏语言深奥意义的能力不强；不太善于听、说、读、写，对语言缺乏敏感，也不太喜欢说话，不擅长通过文字来表达思想，写作能力也要比同龄人欠缺一些。

（二）数理—逻辑智能

数理—逻辑智能是指能够有效地计算、测量、推理、归纳、分类，并进行复杂数学运算的能力。这项智能包括对逻辑的方式和关系、陈述和主张、功能及其他相关的抽象概念的敏感性。此项智能较强的人可能适合的职业是：科学家、会计师、统计学家、工程师、软体研发人员、商人等。

人们一直把数理—逻辑智能看成是智能的核心，相关学者也认为这种智能是人类认知能力的重要部分。大多数人都认为数理—逻辑智能就是一种加减乘除的能力，即一种计算的能力。而实际上，数理—逻辑智能主要包括：事物分类、复杂问题简单化、计算、假设和证明等具体操作能力；逻辑类型、逻辑关系、陈述句和命题、函数等抽象思维能力。

数理—逻辑智能是所有科目和学习的基础，它和语言智能一起组成了学业型智能，在学校里受到绝对的重视。在学习阶段，数理—逻辑智能高的学生学习成绩通常都很好。人们也大都喜欢这些学生。他们的领悟能力特别强，凡事一点就通。教给他们从 1 数到 10，他们就能独自摸索数到 99，然后教给他们数 100，他们就可以一直数下去。有时我们会听到人家说："这学生挺聪明的，就是不好好学，要不然成绩早上去了。"其实这样的学生数理—逻辑智能较高，相比"有点笨，但是很用功"的学生，他们未来成功的几率会更高。因为他们只要稍微用功学习，成绩就能大幅度提高。当别的学生都花很多时间背公式的时候，数理—逻辑智能高的学生不会死记硬背，他们会在理解原理的基础上，熟练地运用公式，遇到难题也能通过举一反三、自我摸索找出答案。

图 1-2　数学家在做研究

数理—逻辑智能较强的人往往表现为：[①]

1. 比起同龄人对因果关系更具有概念性；思考方式比同龄人更抽象化、概念化。

2. 喜欢将事物分类或分组，喜欢有序地排列收集物；喜欢逻辑思考或作问题解答；喜欢玩象棋或其他策略游戏；喜欢数学，心算快速。

3. 对新鲜事物能发现很多问题；热爱玩有策略的游戏。

4. 对自己的记录资讯与探索模式很有一套；对电脑等高科技产品有强烈好奇心。

5. 善于解决有正确答案的问题；善于辨别各种思想、顺序、对象、行动的模式；能做抽象的思考，能系统地解决问题。

数理—逻辑智能较弱的人往往表现为：

1. 对数学知识的学习没有兴趣；学习数学知识感到困惑。

2. 对事物的顺序和排列方式不敏感。

3. 分不清楚大小多少。

（三）身体—运动智能

身体—运动智能是指善于运用整个身体来表达思想和情感、灵巧地运用双手制作或操作物体的能力。这项智能包括特殊的身体技巧，如平衡、协调、敏捷、力量、弹性和速度以及由触觉所引起的能力。此项智能较强的人可能适合的职业是：运动员、演员、舞蹈家、外科医生、宝石匠、机械师等。

人们常常把身体—运动智能和运动员联系在一起。当然，这些人拥有极佳的身体—运动智能，但是，那些专门在小块区域内用特殊仪器做手术的外科医生也具有这种智能。造表匠的身体—运动智能也很厉害，能用敏捷的双手控制微小的部件。由此可见，身体—运动智能，是对于大肌肉和小肌肉的

---

① 参考《八大智能专业知识》，2012 年 4 月 25 日，见 http：//wenku.baidu.com/view/070543 4ce45c3b3567ec8b74.html。

控制技巧，力量、数量、平衡、协调和耐心的不同组合形成了身体—运动智能。

发展身体—运动智能很重要，不仅因为这种智能可能会影响专业的运动，而且身体—运动智能的发展和获得运动技巧能够给我们带来一个更健康和愉快的生活方式。该项智能发展规律的儿童长大后的娱乐生活会更加健康有序。有体育特长的学生很容易和队员发展和保持友谊。更甚于此，那些有运动生活方式的人还有明显的优势，他们从事对抗赛性质运动，无论是团体比赛、二人对抗或者单人项目（比如，体操等），表现突出，易于成功。所以许多在成人环境中必需的素质都在运动的过程中得到了培养：果断、坚韧、合作、自信以及自豪。

身体—运动智能强的人往往表现为：

他们常利用自己的身体去学习、探索世界，从小具有体操、跳舞等天赋，喜欢玩运动性质的游戏，对身体动作协调和控制都能做得很好，运动技巧学得又快又好，而且喜欢不断地练习，精益求精。学习时是透过身体感觉、触摸来思考的，如舞蹈家、运动员、外科医生、机械工程师或演员等，都有很好的肢体运作智能。具体如下：

1. 听到音乐的声音，全身都会动起来，跟着手舞足蹈、打拍子；描述某些事情的时候也会手舞足蹈，配合各种肢体语言以及丰富的表情。

2. 喜欢演戏或角色扮演活动；喜欢运动、户外活动，如骑车、爬山、溜冰等；喜欢动手做东西，如缝纫、编织、雕刻木工、种花、剪纸、组合模型、积木、泥巴、捏黏土等；喜欢观看运动性质的节目，如看球赛或体育新闻，每次都看得津津有味。

3. 比别的小孩早爬和早走；很难长时间坐着不动，喜欢跑、跳、碰；表演的活动中都喜欢做一些夸张的动作；善于模仿他人的语言、动作。

身体—运动智能弱的人往往表现为：①

---

① 参考《八大智能专业知识》，2012 年 4 月 25 日，见 http：//wenku. baidu. com/view/0705434ce45c3b3567ec8b74. html。

图1-3　身体—运动智能较强的人，更容易在体育项目中展示才能

1. 不能较好地控制自己的身体，比如平衡性、稳定性等相对比较缺乏，所以对于过独木桥等活动表现不是很好，平时进行体育锻炼可能比较容易摔倒；身体协调能力比同龄人要差一点，所以动作相较而言要僵硬一些。

2. 缺乏训练有素的反应能力，即反应比较迟缓，身体的反应、控制也比较慢。体育课上表现不是很突出，体育运动中动作不够灵活。

3. 不喜欢亲自动手实践，更喜欢看直观说明。不是很擅长手工，也不大喜欢缝纫、编织、雕刻、木工或做模型等需要动手的活动。

4. 对外界的物质环境不是很敏感，也不会主动去探究各种事物的原因、发展过程等。很少通过亲自实践了解事物。平时也很少拆开物品或组装物品，更仔细地了解它的构成和功能。

5. 运动学习的效果不是很好。学习新事物时，很少利用触摸、操作的方法感受事物。

6. 身体—运动智能不太擅长的人，习惯长时间坐着不动，不是很喜欢起来活动。很少在户外活动，也不是很喜欢跳舞、表演等。较少参加或练习体育活动，觉得这些活动很累，而且没有什么大的收获。

7. 平时在与人谈话时，不太习惯用手势或其他的肢体语言，也不擅长用脸部表情和身体动作代替说话，来表达自己的想法。因而说话的方式比较平白直接，因而缺乏一定的生动性。

8. 在运动的过程中思维不是很灵活，比如在走路、跑步或做一些肢体活动时不会产生其他的想法。大脑思维只是关注在运动上面，尽量把动作做得更加协调、标准。

（四）空间智能

空间智能是指准确感知视觉空间及周周一切事物，并且能把所感觉到的形象以图画的形式表现出来的能力。这项智能包括对色彩、线条、形状、形式、空间关系等都很敏感。此项智能较强的人可能适合的职业是：室内设计师、建筑师、摄影师、画家、飞行员等。

空间智能强调人对色彩、形状、线条、形式、明暗、构图、平衡、空间及它们之间的相互联系具有高度敏感性，能准确地感知视觉空间，并将其感受精确地表现出来；在观察眼中所见事物后，脑海中便会勾勒出立体化的具体轮廓，而后转化、重现、转变为属于个人的视觉空间印象；同时，他们能随意操控物件的位置及组合，也具有产生或解读图形信息的能力，学习形态主要以意向和图像来做思考。

空间智能强的人喜欢色彩搭配和设计独特的图像；喜欢观赏各种图像作品；喜欢组装玩具或家具，折纸、做手工艺品或雕刻，甚至是天马行空的幻想，让想象力通过不同形态作品呈现并解释他们的意念。

空间智能的另一个表现层面是在视觉艺术上，表现在对艺术的高度感受和创作能力；对环境中的形态、物体、色彩和形状有高度的察觉能力。

图 1-4　画家在画画

空间智能高的人常常表现为：①

1. 爱好画画、亲自动手、捏橡皮泥或玩积木；喜欢拼图、下棋、走迷宫等益智动脑游戏；喜欢天马行空地想象，并在心中加以印象化。

2. 对色彩感知非常敏锐；对图表能够一目了然，甚至有自己的图像记忆方式；图像思考，能够清楚表达视觉观察及感受；对艺术、美的事物有极高感受力和鉴赏力。

空间智能较弱的人往往表现为：

对于上下、左右、里外、前后等空间方位，东南西北等方向，还有其他视觉元素，如距离、高低、景深等方面掌握度也较低。

（五）音乐智能

音乐智能是指人能够敏锐地感知音调、旋律、节奏、音色等元素的能力。这类人对节奏、音调、旋律或音色的敏感性强，与生俱来就拥有音乐天赋，具有较高的表演、创作及思考音乐的能力。他们适合的职业是：歌唱家、作曲家、指挥家、音乐评论家、调琴师等。

音乐智能是察觉、辨别、改变和表达音乐的能力。它对于儿童的个性形成具有独特作用，对于儿童来说，最容易接受的一个信号就是音乐。例如，乐乐是个安静的孩子，但只要一听到电视、广播里传来的音乐声，平时安静的乐乐就立刻手舞足蹈起来。一段旋律，乐乐只要听过一两次，就能哼出个大概来。乐乐表现出了很好的音乐感悟能力。

一般来说，具有音乐天赋的儿童可以朝艺术领域发展。音乐智能就像一个大大的礼盒，里面盛放着很多美好的礼物。音乐能刺激儿童大脑的发育，不但能锻炼他们的记忆力和感受力，发展他们的空间感和时间感，而且对儿童的语言、数理、逻辑等其他能力的提高都有很大的帮助。音乐智能对儿童想象能力的培养是任何别的东西都无法比拟的。

---

① 参考《八大智能专业知识》，2012 年 4 月 25 日，见 http：//wenku.baidu.com/view/0705434ce45c3b3567ec8b74.html。

图 1-5　钢琴家在演奏

音乐智能较强的人往往表现为：①

在音乐方面的天赋是充满热情的，即使在很小的年龄，他们也对特定的音乐和艺术有很强烈的感觉。音乐智能的展现可以超越音乐本身。有时，有强烈音乐感的人会特别擅长辨认声音。例如，可以通过听鸟叫来辨别鸟的种类。

有时，音乐智能强的人会把天资运用于走路和说话中，使讲话和走路很有节奏感。对于音乐智能发达的人来说，音乐的出现不是一种特权。

乐感较强的年幼儿童更乐于：听音；听认音节；唱歌、低声细语、自个儿哼歌；利用日常生活用品制作乐器；用声音谱写乐章；学习音乐。

等这些乐感较强的儿童长大以后，他们也更乐于：唱歌，用歌声表现自我；演奏乐器；会打音乐节拍；显露出在旋律或歌曲方面很好的记忆；自编旋律、作曲等。

音乐智能较弱的人往往表现为：

音乐节奏感较弱，跟不上节拍；放一首活泼轻快的歌曲，也不能随着音

———————————

① 参考《八大智能专业知识》，2012 年 4 月 25 日，见 http：//wenku. baidu. com/view/ 0705434ce45c3b3567ec8b74. html。

乐节奏即兴舞蹈；不爱唱歌；不能理解歌曲的意思。

（六）人际智能

人际智能是指能很好地理解别人以及与人交往的能力，主要包括善于察觉他人的情绪、情感，体会他人的感觉感受，辨别不同人际关系的暗示以及对这些暗示做出适当反应的能力。他们适合的职业是：政治家、外交家、领导者、心理咨询师、公关人员、推销等。

人际智能在生活中的很多领域可以体现出来，只要有人存在的地方就少不了人际交往，人际交往就需要人际智能。比如顾问型人才需要很强的人际智能，如此，才能增强工作效率。一位律师如果有很强的人际智能，他就能掌控全场，即时调整思路，在案子中获胜。一个领班或一位管理者如果能理解员工并知道如何激励他们的话，就会把生产计划安排得更好。一位会计或软件设计人员如果能读懂客户的需要并能明白他们的目标，那么他们会做得更加令人满意。一位销售人员如果能洞察消费者的需要，他会很成功。实际上，在每个工作领域，具有较高的人际智能都是很有价值的。

人际智能较强的人（这里主要针对儿童来讲）往往表现为:①

1. 理解与交流的能力

（1）通过观察、倾听、询问等方式识别他人的情绪、意图和动机的能力。能识别他人的情绪、意图和动机，是人与人恰当交往的基础。幼小的儿童即使听不懂话，也能根据面部表情、动作和语调等线索判断成人的情绪，并做出相应反应。而父母的教育则是要进一步促进儿童根据语言、行为、表情、体姿语等，更准确地判断他人的情绪、意图和动机。

（2）运用语言、表情、体姿语等表达自己想法、情感的能力。懂得运用各种表达方式，准确地把自己的想法、感受、情绪等传递给对方，这是有效实施人际交往策略的关键要素之一。

---

① 参考《八大智能专业知识》，2012 年 4 月 25 日，见 http://wenku.baidu.com/view/0705434ce45c3b3567ec8b74.html。

（3）移情和共情。移情是指从自己的角度看待事物，用自己的感受去推想他人感受。共情是以他人的观点，从他人的感受来看待事物，并与他人交流、分享情感和感受的能力。学龄前阶段的儿童正处于"自我中心"阶段，因此他们多以移情的方式来看待他人，感受他人，父母对儿童的教育主要是适当地促进他们从移情到共情的发展。主要包括：从倾诉自己内心的感受、认识自己的情绪开始，去觉察和接纳别人的感受和情绪；学会参照自己的感受去理解、体会别人的感受；学会关心别人、帮助别人。

2. 向他人学习的能力

（1）模仿学习。模仿是幼小的儿童学习的主要方式之一，人际交往给儿童提供了模仿学习的机会。儿童多会模仿他喜欢、亲近的人，如父母、老师或年龄相仿的同伴等。儿童的模仿是从动作模仿开始的，进而模仿语言、行为、情感表达和思维方式等。因此，父母的良好榜样，与儿童一起作相互模仿的游戏，提醒儿童关注同伴等做法，都能促进儿童的模仿学习。

（2）倾听同伴的想法、建议的能力。这一能力是与同伴合作，共同完成任务的基础。学龄前的儿童很难采纳别人的观点和建议，父母要引导孩子能认真倾听其他人的想法，引导他们清楚自己的想法与他人想法的相同和不同。如果儿童接受能力较强，还可以引导他们比较出哪种方法更适用。

3. 合作的能力

（1）融入集体的能力。儿童喜欢与同伴在一起，这本是儿童的天性。儿童融入同伴群体，才能进一步发展人际交往能力，建立友谊，才能建立归属感和集体意识等。父母要引导儿童体验与同伴一起游戏的快乐，学会看到别人的优点和长处，学会诚恳待人，教会儿童加入群体游戏的技巧等，让儿童乐于、也能够与同伴共同游戏、做事。

（2）分享与互惠的能力。当儿童能与他人分享自己的东西，能提出对交往双方都有利的建议，并表现出相应行为时，他才可能得到同伴和群体的认可。这也说明在儿童的观念中，已能从"我们"着眼来看问题，这是儿童自主、集思广益、合作、共同实现目标的思想基础。父母要从鼓励儿童共用物品、分享情感、分担义务和责任等方面，培养儿童共享的意识和行为，并帮助儿童主动改正独占、争抢等行为。鼓励儿童平等地交换食品、玩具，当然这里的"平等"并不等同于成人眼中的等价交换，而是以儿童双方心灵的愉悦为标准，通过互相到家中做客、玩轮换角色的游戏（如捉与藏、抛与接等），来培养互惠的意识和能力。

（3）关心与助人的能力。能关注别人的感受，自愿帮助别人，才能得到别人的温暖、友谊和帮助，才能有和谐的人际关系，并在这样的群体中感到安全、信任与快乐。父母要通过讲故事或利用日常生活中的事件，引导儿童关心、安慰同伴，关怀长辈，体谅、照顾生病的父母，在节日里相互祝贺等，教儿童知道关心、帮助别人是一件好事，会给自己和他人带来快乐。

（4）讨论与协商的能力。在游戏中，当决定游戏分工与规则时，如果发生利益冲突，往往会出现分歧，儿童应具备充分表达自己想法和意见的意识，有与人讨论、协商的技巧，这样才能真正养成合作的基本素质。父母通过和儿童交谈，帮助儿童理清自己的感受和想法，教给他们怎样坚持自己的想法，敢于说"不"来保护自己的权利；但也要知道怎样做必要的让步，以求得合作。最好的培养方法是在日常生活中，父母要给予儿童平等商量的机会。

（5）具有组织、协调能力。在合作中，儿童既要能听从别人的建议，服从别人的安排，同时也要有主见，争取机会能独立提出建议、组织游戏，协调安排每位成员的角色和任务。父母平时要培养儿童的主见，适当参与家务事的安排和决定。

人际智能较弱的人（这里主要针对儿童来讲）往往表现为：

（1）胆小害羞。总是喜欢躲在大人的身后，不敢与别人打招呼，别人与他打招呼或逗他玩时也会害羞低头。

（2）比较自私。自私的儿童不喜欢别人碰自己的东西，不懂得分享。

（3）爱打人。儿童和别人相处时不肯吃亏，动不动就打人、咬人。

（4）总是被欺负。儿童和别人玩耍时总是受人欺负，抢不过人家，老被人推打。

（5）很内向。儿童天生性格内向，不喜欢和别人接触交往。

（七）内省智能

内省智能又称自我认知智能，是指对自我认识明确，有自知之明，并能据此做出适当行为的能力，主要包括能够认识自己的长处和短处，意识到自己的内在爱好、情绪、意向、脾气和自尊，喜欢独立思考的能力。他们适合的职业是：哲学家、政治家、思想家、心理学家等。

内省智能强的人通常能够维持写日记或睡前反省的习惯：常试图从各种的回馈中了解自己的优缺点；喜欢独处；经常静思以规划自己的人生目标。哲学家、作家、心理学家、心理咨询人员、神职人员等职业对内省智能有很高的要求。内省智能高的儿童通常以深入自我的方式来思考，对他们而言，理想的学习环境必须提供他们秘密的处所、独处的时间及自我选择等。

加德纳认为内省智能就是对自己内部心理的理解和调控，如意识到自己的情感生活并能区分这些情感，且能根据这些情感指导自己的行为。内省智能高的人有行之有效的自我系统。人际智能使人们理解他人、同他人合作；而内省智能则是使人们了解自我、调控自我。内省智能是有关人的内心世界的认知：了解一个人的感情生活和情绪变化，有效地辨别这些感情，最后加以标识，作为理解和指导自己的能力。具有较好内省智能的人，头脑中有一个关于自己的、积极可行的有效行为模式。儿童的内省智能，主要是指儿童自我意识的水平，即儿童对其自身的认识、评价、监督、调节和控制等的水平。其中主要是自我评价。

内省智能包括我们的思想与感受。我们愈能把它们带入意识，就愈能使我们的内在世界与外在经验产生联系。有时，当我们发现自己自动化地做某件事时，不妨即刻停一下，再重新撇开这件事，并仔细地、谨慎地观察自己的行为，这将会对我们的内省很有帮助。内省智能是个性中最有影响的成分，是一个人关于自己的一整套认识。它既包括对自己身体的认识，也包括对自己的社会能力以及其他种种能力的意识，所有这些都是在社会化的过程中一步步地发展起来的。

图1-6 作家在思考问题

内省智能较强的人往往表现为：①

能够准确地了解自己，洞察自己的优缺点，并且会在生活中设定目标，喜欢独立思考。善于了解自己的儿童，会知道如何计划自己的事情，并能充分发挥自己各方面的能力。在这方面有天赋的儿童，也能注意到别人的变化，他会问"奶奶今天为什么不高兴？"等等。如果在读一本侦探书，或者看一部侦探电影或电视剧时，他能很快识别出正反面角色。

那些具有强烈的内省智能的儿童通常有以下特点：爱做白日梦；拥有和表达对食物或活动强烈的偏爱。

当儿童长大以后往往喜好记日记；订立目标并追求这些目标；观察他人，有时能从局外人的观点看问题；迫切地想从别人那得到反馈；和他们信任的人一起反省他们的行为表现；即使与他们的朋友有相反的立场，也勇于表达自己的想法。

内省智能较差的人往往表现为：

不爱表达自己的真实想法与感受；不清楚自己的身份位置，脾气大、爱顶撞；不愿冒险，追求安逸，对逆境承受能力较差；经常犯同样的错误，很难改正；经常不能感受他人的想法和情绪。

① 参考《八大智能专业知识》，2012年4月25日，见 http：//wenku. baidu. com/view/0705434ce45c3b3567ec8b74. html。

（八）自然观察智能

加德纳认为自然观察智能是指善于观察自然界中的各种事物，对物体进行辨认和分类的能力。此项智能较强的人有着强烈的好奇心和求知欲，有着敏锐的观察能力，能了解各种事物的细微差别。他们适合的职业是：天文学家、生物学家、地质学家、考古学家、环境设计师等。

自然观察智能较强的人往往表现为：

在生活中会呈现出敏锐的观察力与强烈的好奇心，喜欢亲身体验自然界的奇妙，并对事物有特别的分类、辨别、记忆的方式。对于孩子来说，细心的父母要多为他们提供接触自然的机会，尊重为他们的体验和感受。

自然观察智能比较强的儿童喜欢：收集大自然中的物品（树叶、岩石、蛇皮等）；玩土或沙子（并不介意把自己的手弄脏）；和家养宠物接触（狗、猫、鸟、鱼等）；去动物园、水族馆或是花园；户外玩，也不介意天气情况或温度；和家里人一起去野营。

年纪稍长一些时他们喜欢：整理他们收集的东西；照顾家里的宠物，并和它们一起玩；在花园里干活；参加更多的野营旅行；在动物园、宠物诊所或花园里做志愿者；侦探。

自然观察智能较弱的人往往表现为：

不懂得珍爱生命；环保意识差；对新鲜事物的探求和兴趣度较差；对物品的分类和归类能力较差。

（九）存在智能

存在智能指的是寻找生命的重要性、死亡的意义、身体和心理世界的最终命运以及沉浸在艺术领域内的种种深奥经验中给自己定位的能力等。如：人为何要到地球上来，在人类出现之前地球是怎样的，在另外的星球上生命是怎样的，以及动物之间是否能相互理解等。

加德纳提出，在人类发展历史上，我们可以找出存在智能的杰出代表人物，如孔子、苏格拉底、柏拉图、亚里士多德、爱因斯坦、爱默生等。

存在智能发展得好的人，基于以下一些特征：

1. 人类为什么会在地球上；

2. 在人类诞生之前世界是怎样的；

3. 另外一个星球上的人过着什么样的生活；

4. 人类的宠物在什么地方捕来饲养的；

5. 动物之间能否相互理解；

6. 如果真的有另一个方面；

7. 鬼或灵魂是否存在。①

三、多元智能理论的主要观点

加德纳于 1983 年在《智能的结构》一书中提出了多元智能理论，其理论要义主要包括以下几个观点：②

（一）人存在九项智能

加德纳否定了传统的以语言智能和数理—逻辑智能为核心的智能观，以生物学和心理学为科学基础，从全面的角度提出多元智能理论。加德纳认为每一个人都至少具备九项智能，即语言智能、数理—逻辑智能、身体—运动智能、空间智能、音乐智能、人际智能、内省智能、自然观察智能和存在智能。这是人类最基本的智能，与我们的日常生活息息相关。

加德纳还承认人人都具有这些智能潜能，它们是与生俱来的，并在后天环境中体现出来。现代脑科学的研究成果进一步证明了多元智能理论的科学性。大脑生理学的研究表明，人类神经系统经过长期的演变已经形成了相对独立的多项智能，大脑皮层中有与多项不同智能相对应的专门的生理区域来

---

① 参考夏惠贤：《多元智力理论与个性化教育》，华东师范大学 2002 年博士论文。

② 参考［美］霍华德·加德纳著，沈致隆译：《智能的结构》，浙江人民出版社 2013 年版，第 91—282 页。

负责不同的智能，这些智能是由人类的遗传和后天的环境共同决定的，尤其是遗传的作用。每个正常人都拥有这九项基本智能，不存在没有智能或者智能不全的人，承认人人都有九项智能最重要的意义是为我们人类的成长提供了生理上的支持。但要注意智能与能力的区别，后续章节会具体阐明。

图1-7　每个人都具有九项智能

案例分析

　　小明是小学三年级的学生，在学校学习刻苦，表现还算可以，能够得到大多数人的认可，但一直困扰小明的一个问题就是他的数学成绩，从一年级到三年级数学成绩不及格的次数多，及格的次数少之又少。但是他其他科目比如语文、音乐、体育的成绩还好，有的科目还名列前茅。对此现象，老师经常找小明谈话，小明家长也是想尽了各种办法，补习班、物质奖励、体罚都用了，可小明的成绩还是那样。这一次，数学成绩又下来了，还是像往常一样不及格，小明也很沮丧，回到家面对家长的责备，小明说："我天生就没有数学细胞，天生就不适合学习数学。"

　　对于小明这句话，笔者不予认同。加德纳的多元智能理论已经明确人类都有九项基本智能，根本不存在某项智能的缺失。小明说"我天生就没有数学细胞，天生就不适合学习数学"，这句话是在否定他的数理—逻辑智能，根据加德纳多元智能理论，可以说小明不是没有数理—逻辑智能，只是数理—逻辑智能较差而已。

（二）人人具有九项智能，各项智能有强弱之分

人人都具有九项智能，但是这些智能并不是以同等的水平存在于我们的身体之中，每个人的九项智能以不同的组合存在，有的偏高，有的偏低。总体来说，大概有三种类别：一是某个体的九项智能都偏高，二是某个体的九项智能都偏低，（这两种情况在我们日常生活中很少见到）三是我们大多数人的普遍现象，九项智能中的某一项或某几项智能偏高，其他智能偏低，就个体而言，或许语言智能较强一些，将来可能成为一名出色的演说家；或许音乐智能较强一些，将来可能成为一名优秀的音乐家，这主要是由我们的遗传素质所决定的。这同时说明个体与个体之间的九项智能分布状况会有差异，有的人九项智能中空间智能稍强一些，而有的人九项智能中身体—运动智能稍强一些，我们可以从事的职业多种多样大多也取决于此。①

加德纳指出，大部分人只会在某个特定领域展现出创意。某些人在一两方面智能具有较高的水平，而其他方面则很差。在正常的情况下，我们大多数人都具有一两项强项智能，某些智能一般，其余的较不发达。事实上，多数人都只能在一两种智能上有出色的表现。

这就告诫我们的家长在教育自己的孩子时，一是要善于发现孩子的优势，并使其得到充分的发挥；二是不要强迫自己的孩子各方面都表现优秀，因为他们很难做到这样；三是不要拿自己家的孩子跟别人家的孩子去做比较，因为他们九项智能的高低强弱程度不一样。

案例分析

小刚和小罗是兄弟，小刚是哥哥，小罗是弟弟。虽然是亲兄

---

① 参考刘玉娟：《多元智能理论与课堂教学改革》，《教育实践与研究》2005 年 Z1 期。

弟，但是他们之间的差别却很大。小刚在学校学习刻苦，成绩也很优异，尤其是能弹一手好钢琴，这更是得到了老师的喜爱；但是小刚在学校总是沉默寡言，不爱跟同学说话，下课总是自己一人玩，同学主动找他玩，他总觉得不太自在，在家也是这样，总是把自己锁在房间里面，跟自己的爸妈也说话不多。而弟弟小罗则不这样，可以说与哥哥小刚恰恰相反，学习成绩很差，成绩不及格已成为家常便饭，上课时坐不住，东张西望，下课后跟同学打成一片，回到家总是把家里面翻得很乱，在家就缠着爸妈。老师经常批评他学习不认真，爸妈也总是因为家里的卫生吵他。不过小罗的体育很好，而且人缘也很好，很爱帮助同学。

对此现象的解释：加德纳多元智能理论认为，虽然每个人都有九项基本智能，但是它们以不同的水平存在于我们身体之中，就个体而言，每一项智能的水平不同，某个人可能语言智能较强，也可能身体—运动智能较强；就个体与个体而言，他们之间的智能水平也会不一样，有的人空间智能强，而有的人却人际智能较强。这样我们再来看以上案例，小刚是数理—逻辑智能和语言智能较强，所以成绩较好，音乐智能强，所以能弹得一手好钢琴；但是他的身体—运动智能和人际智能较差一些，所以总是不怎么爱动，也不喜欢跟他人交流。而弟弟小罗却是人际智能和身体—运动智能强，所以人缘好，体育也比较好；但是他的数理—逻辑智能和语言智能较弱，所以总是考试不及格。

（三）每种智能都有其独特的表现形式

语言智能往往表现为运用口头语言及文字表达自己的思想并理解他人，灵活掌握语音、语义、语法，言语思维、言语表达和欣赏语言深层内涵的能力结合在一起并运用自如。

数理—逻辑智能往往表现为计算、测量、推理、归纳、分类，进行复杂数学运算。

身体—运动智能往往表现为运用整个身体来表达思想和情感，灵巧地运用双手制作或操作物体，特殊的身体技巧，如平衡、协调、敏捷、力量、弹性和速度。

空间智能往往表现为准确感知视觉空间及周围一切事物，把所感觉到的形象以图画的形式表现出来，对色彩、线条、形状、形式、空间关系很敏感。

音乐智能往往表现为能够敏锐地感知音调、旋律、节奏、音色，与生俱来就拥有音乐的天赋，能够较好地表演、创作及思考音乐。

人际智能往往表现为能很好地理解别人和与人交往，善于察觉他人的情绪、情感，体会他人的感觉感受，辨别不同人际关系的暗示以及对这些暗示做出适当反应。

内省智能往往表现为能够认识自己的长处和短处，意识到自己的内在爱好、情绪、意向、脾气和自尊，喜欢独立思考。

自然观察智能往往表现为善于观察自然界中的各种事物，对物体进行辨认和分类，有强烈的好奇心和求知欲，有敏锐的观察能力，能了解各种事物的细微差别。

存在智能往往表现为善于思考人为何要到地球上来，地球是怎样的，在另外的星球上生命是怎样的，等等。

不同智能表现形式不同，同一智能表现形式也总会不同。同为语言智能较强的人，有的人可能能言善辩，将来成了政治家，而有的人可能语言思维较好，将来成了作家。同一智能表现形式多种多样，这就决定了我们每个人的智能都有其独特的表现形式。每一项智能的表现不只有单一面向的测评来认定该项智能的高低，且每一种智能都包含着多种次类智能，例如音乐智能包含了演奏、歌唱、写谱、指挥、批评与鉴赏等次类智能。再如一个具有优异身体—运动智能的人，跳舞时能展现出全身性的动作协调，但是跑步时的速度却很慢；一个擅长写文章的人，语言表达不一定流畅自如；同样一个人可能歌唱得不好却很会作曲，不会演奏却善于批评与鉴赏。"三百六十行，行行出状元"就在说明这个道理，只要我们能够认清自己的优势所在，并辅以后天的培养，肯定能在自己擅长的领域取得一席之地。

　　不同智能多种多样的表现形式往往会给评价带来一定的难题，我们很难找到一个可以去评价多种智能及其表现形式的评价标准。生活中，我们喜欢拿自己去跟别人比，这是我们长期存在的一个误区，盲目地比较，得出的结果往往是错误的，也会对当事者产生不同程度的影响。更有些人拿自己的长处去跟别人的短处去比，总希望处处比别人强，这种想法可以理解为是有上进心，但是这种行为却很难得到认可，这种不对等的比较本身就有基础的不平衡、能力的强弱，所以不能盲目攀比，应该分清和找对比较对象，我们可以跟自己同一智能处于同一水平的人去做比较，但前提是还应认识到智能的表现形式具有多样性。

　　认识到以上问题，我们就不会武断地认为谁比谁聪明，世界上没有绝对的聪明，只有在同一智能的同一表现形式下才能说谁比谁聪明。另外，评价的过程远远比评价的结果重要，如果我们想不断地完善自己，就应该更注重评价的过程，评价的作用不是用来证明谁比谁聪明的，而是让我们在评价的过程中看到自己及他人是怎么聪明的。

案例分析

　　2008 年北京奥运会，中国成为了世界的焦点，各国奥运健儿汇聚北京，展现他们各自的特长。在 2008 年北京奥运会上，与雅典奥运会一样，28 个大项和分项比赛项目不变，这 28 项是：田径、赛艇、羽毛球、垒球、篮球、足球、拳击、皮划艇、自行车、击剑、体操、举重、手球、曲棍球、柔道、摔跤、水上项目、现代五项、棒球、马术、跆拳道、网球、乒乓球、射击、射箭、铁人三项、帆船帆板、排球。我们看到，同一运动员大多只参加一种项目比赛，少数几个能参加两项以上，各项间也具有相关性。但没有一个人可以包揽所有项目且表现都很出色。

　　根据加德纳多元智能理论，同一种智能表现形式也多种多样。奥运健儿有着比常人较强的身体—运动智能，但不同的运动对运动员有不同的要求，体操要求运动员必须身体平衡协调，田径要求运动员必须具有爆发力和力量。鉴于此，不同特点的运动员培训的参赛项目就不同：有的运动员力大无穷，适合举重、摔跤等运动；有的运动员耐力好，适合马拉松等长跑运动；有的运动员柔韧性好，适合柔道等运动。这样看来，某一个运动员不可能胜任所有运动项目。

（四）先天智能是基础，后天努力制约智能水平发展

虽然九项智能以不同的组合存在于我们的身体中，但这并不等于说我们的智能水平就定格于此，以后不会再发展。虽然在儿童时期，我们的智能水平受先天遗传因素影响较多，但随着自身的成长以及智能水平的逐渐成熟，影响我们智能水平发展的主要是后天的环境，比如社会环境、教育、个人的努力。但有一个现象我们必须认可：先天的智能水平永远起着基础作用，后天的环境只是在制约着智能的发展。比如一个数理—逻辑很强的人，经过后天的努力，能够成为一个出色的数学家，同时，另一个数理—逻辑智能很差的人，经过自己后天的努力，他的数理—逻辑智能可能会有明显的提高，但是他很难成为一个出色的数学家，因为他天生就欠缺那种对数理逻辑的敏锐洞察力和参透领悟能力，这种能力是由我们大脑内部某组织所决定的。后天的努力确实很重要，如果不努力，我们只能保持原来的智能水平，但经过努力，我们和别人的智能水平之间的差距可能会缩小。

那么，对待自己的不足之处应持一种怎样的态度呢？有的人选择努力去弥补，以达到自身充分胜任的水平；有的人却破罐子破摔，放任自流，结果只会越来越差。例如，有的人天生身体—运动智能较强，篮球场上永远有他矫健的身影，较高的篮球技能确实让人很有自信；也有些人天生身体—运动智能差，可能连基本的运球都很困难，想让他参加篮球比赛更是不可能，但是如果他对篮球由衷热爱，通过加倍努力训练，虽然不能达到职业篮球运动员的水平，但至少可以达到自身充分胜任的水平。

因此，生活中时常会出现奇迹。语言智能较差的人，天生可能连话都说不清楚，但我们不能就此认定此人不能成为一名演说家。有一个例子就是讲一位演说家的成名历程：天生结巴的他为了能够把话说清楚，把石子放到嘴中练习说话，嘴巴里面全是血泡，这样的练习日复一日、年复一年，慢慢地他变得不结巴，跟正常人一样，再后来可以滔滔不绝地进行演说。由此可见后天努力的重要性，每个人都可以经过磨炼，实现自我超越。

（五）九项智能相互独立，很难迁移

九项智能各有各的表现形式，各在各的领域发挥作用，也各有各的特点。就个体而言，各项智能以不同的组合、不同的水平存在，也就是说，各项智能相互之间存在差异，或许语言智能偏高而其他智能偏低，或许数理—逻辑智能偏高而其他智能较弱，但是各项智能之间的优势是很难相互迁移的。例如，某人天生数理—逻辑智能较强，空间智能较弱，但是他的数理—逻辑智能再强，也不能迁移到空间智能，他的空间智能还是较弱。这就是九项智能的相互独立。或许有些人在此会疑惑：假如在野外郊游时迷路（空间智能较差），可以通过太阳来辨别方向（数理—逻辑智能较强），这样算不算是智能之间的迁移。而实际上这是能力之间的迁移，智能是不能迁移的，它是一种偏于生理的潜能。[①]

一件事的完成，通常需要多种智能共同发挥作用。这主要是由我们所做事情的复杂性所决定的。例如，为了做一顿午饭，一个人必须阅读菜谱（语言智能），可能会将菜谱划分为两部分（数理—逻辑智能），点出令所有家庭成员满意的菜（人际交往智能），当然也要符合自己的口味（内省智能）。同样的，当一个男生在踢球的时候，他需要身体—运动智能（跑、踢及投）、空间智能（在球场中找到自己的位置，并预测球飞来的轨道）及语言和人际智能（在比赛中的某次争执中，成功挣到高分）。各项智能通常相互影响，我们要做好某件事，就必须保证把所需的智能都调动起来，但如果一直不去激发某项智能，它会永远处于较弱的水平，所需做的事情非但不能

---

① 参考刘玉娟：《多元智能理论与课堂教学改革》，《教育实践与研究》2005 年 Z1 期。

顺利完成，长此以往，还会影响其他智能的发展。因此，在生活中没有某项智能是独立存在的，各项智能总是相互作用。

（六）智能的发展受文化背景的影响

智能是一种遗传素质，也受社会文化及主流思想的影响。所以，当文化背景及主流文化发生变动，就会影响我们的智能发展。古代体力劳动多于脑力劳动，我们最需要身体—运动智能；当今社会，脑力劳动多于体力劳动，我们更需要数理—逻辑智能。文化是影响智能发展的重要因素，每个时代的文化对不同形式智能的评价使得个体在各种智能的发展上产生不同的动机，也使得某一社会的人群在某些智能上会有高度的发展。所以不同的历史发展时期和文化背景强调不同的智能组合，文化背景影响我们各种智能的发展程度。[①]

智能发展受文化背景的影响主要表现在以下三个方面：

一是古代与现代不同文化背景对智能的影响。在古老的社会，人们很重视身体运动、空间和人际交往的能力，比如狩猎时期的狩猎技巧和熟知地形，就比学习快速加减重要得多。在现代社会，人们更关注语言能力和数理—逻辑能力，通常的智能测验也主要测量这两方面内容，在学校的考试中这两项是基础的基础。

二是不同国家的不同文化背景对智能的影响。东方文化模式的核心是追求和谐、崇尚德行、关注整体，在此文化背景的影响下，我们的人际智能较强；而西方文化模式的核心是追求征服、崇尚理性、关注个性，在此文化背景影响下，他们的身体—运动智能、自然观察智能、内省智能较强。

三是同一国家不同地域内部的文化背景对智能的影响。就我国而言，北方自古官文化盛行，因此北方人的人际智能较强一些；南方向来重视商业发展，因此南方人的数理—逻辑智能较强一些。

---

① 参考刘玉娟：《多元智能理论与课堂教学改革》，《教育实践与研究》2005 年 Z1 期。

小　结

　　本章详细阐述了美国哈佛大学心理学与教育学教授加德纳的多元智能理论，尤其是多元智能理论的内涵及行为表现。教师和家长都要对此有所研究，进一步提升自身的理论水平，充分了解孩子的多项智能，从而对他们有一个新的认识。每个人的智能都有独特的表现方式，每一种智能又都有多种表现形式，我们很难找到一个适用于任何人的统一的评价标准来评价一个人聪明与否。因为这不是说谁比谁聪明的问题，而是指各自在哪个方面聪明，以及他们怎样聪明。总之，评价孩子的方式应该多元化，不能用一把尺子衡量每个孩子。

第二章

多元智能发展不平衡理论

通过上一章，我们已经了解了什么是多元智能理论及其特点，知道了同一个体的九项智能不可能平衡发展，不同个体的同一智能发展速度和速率也不平衡。从科学研究角度具体如何解释，这一章将就这些问题进行全面介绍。

生活中经常看到同一个体各方面的能力会存在差异，不同个体之间在某一方面的能力也存在差异、有高低之分。笔者经过多年研究实践和追踪观察，认为产生这种现象的原因是个体及不同个体之间各项智能的初始水平及其成熟速度、速率存在差异，笔者称这种差异为多元智能发展不平衡。多元智能发展不平衡从大体上讲可分为两部分，一是就个体而言，个体的各项智能的初始水平及其成熟速度、速率发展不平衡；二是就不同个体而言，他们同一项智能的初始水平及成熟速度、速率发展不平衡。多元智能发展不平衡在儿童的教育问题上是一份难得的资源，更是一笔宝贵的财富。

一、多元智能发展不平衡的生理基础

智能的初始水平是由我们的生理所决定的，更为准确地说，是由我们的大脑所决定的。现代脑科学的研究成果进一步证明了多元智能理论的科学性，大脑生理学的研究表明，人类神经系统经过长期的演变已经形成了相对独立的多种智能，大脑皮层中有与多种不同智能相对应的专门的生理区域来负责不同的智能。然而，由于个体大脑的不同生理区域的不同及不同个体大脑的同一生理区域的不同，决定了我们智能初始水平的不同，也就是初始水平的不平衡。智能的成熟速度与个体的年龄特征、大脑、身体、神经系统息息相关。

正如加德纳所说，"一门全面研究生命的科学。必须能为人类智能的特征及其种类作出解释。由于近几十年来，人们在生物化学、遗传学和神经心理学研究方面取得了特别进展，我们有许多理由相信，生物科学最后必定能为我们提供关于人类智能现象令人信服的描述"①。因此，把生理学作为多元智能发展不平衡的基础，从生理学角度来阐释这一理论可以使其更有说服力。多元智能发展不平衡的生理基础主要有遗传学基础、神经生物学基础、大脑组织这三大部分。

（一）遗传学基础

遗传学，是一门学科，研究生物起源、进化与发育的基因和基因组结构、功能与演变及其规律，研究基因的结构、功能及其变异、传递和表达规律的学科。遗传学是研究基因及它们在生物遗传中作用的科学分支。

然而对于遗传学能否成为智能的生理基础，不同学者所持观点不同。有些科学家在数学和科学假设的基础上，认为通过智商测试测量出的智能，80%由遗传决定。换言之，接受测验的人群中智商测试分数差异性的80%，应归于那些人的遗传背景。其他一些科学家综合同样的资料，却做出了不同的论断。他们认为，遗传性因素在人的智能中所起作用的比例小于20%，甚至是零。当然，大多数人的估计都在以上两个极端之间，认为遗传因素对智能的影响在30%到50%这个区间内。加德纳认为：如果我们选择从生物学家的视角去研究智能的问题，一开始便不可避免地要考虑遗传的因素。只是从这一研究路径出发获得的认识，还是相当间接的。

对于绝大多数人的身体特征和本性来自遗传的看法，已经取得了广泛一

---

① ［美］霍华德·加德纳著，沈致隆译：《智能的结构》，浙江人民出版社2013年版，第44页。

致的意见，当考虑到人的认知风格或人的性格这类问题时，遗传决定论就很难使人信服了。但是就智能受生理影响较大而言，把遗传学作为多元智能发展不平衡的生理基础之一还是很有科学性和说服力的。

　　遗传对多元智能发展不平衡的影响主要表现在基因的传递和变异。基因的传递决定了后代与他们的双亲有很大的相似之处。我们的多元智能发展现状会对我们后代未来的智能发展状况产生一定的影响。譬如，生活在音乐世家的儿童，其父母有很强的音乐智能，天生就比其他人的音乐智能强，这样的孩子未来很有可能成为一名优秀的音乐家，这可能受其家庭环境的熏陶，但儿童如果在很小的时候就表现出了比其他同龄人更热爱音乐的智能，那么这肯定跟遗传有莫大的关系，因为儿童的父母就有很强的音乐智能。这类儿童的音乐智能可能比自身其他智能较强，比其他同龄人较强；他们的音乐智能的成熟速度可能比自身其他智能的成熟速度较快，比其他同龄人的成熟速度较快，这就是多元智能的发展不平衡。

　　当然，生活在音乐世家的儿童并不一定就会有很强的音乐智能，他可能身体—运动智能较强，也可能语言智能较强。这样可能出现的情况是：他的音乐智能比自身其他智能较弱，甚至比其他同龄人的音乐智能还弱；他的音乐智能的成熟速度一直较慢，而其他智能的成熟速度都比音乐智能的成熟速度快，其他同龄人的音乐智能的成熟速度也比他快。这也是多元智能的发展不平衡，也是遗传造成的，但这不是基因的传递，而是基因的变异，因为这类儿童的父母有较强的音乐智能，其成熟速度也快，而他们自身的情况却恰恰与其父母相反。

　　遗传因素对多元智能发展不平衡的影响并不是很有说服力，多元智能发展不平衡的影响因素还有其他，所以很难区分到底是遗传因素在起作用，还是其他因素在起作用。但是有一点不容忽视，那就是遗传因素对多元智能发展不平衡的影响一定存在，只是难以和其他因素的影响区分清楚。①

_____

① 参考［美］霍华德·加德纳著，沈致隆译：《智能的结构》，浙江人民出版社2013年版，第46页。

（二）神经生物学基础

在加德纳所著的《智能的结构》一书中，也有从神经生物学的视角为多元智能寻找生物学基础。加德纳主要从两个方面来阐述，一是规定性，一是可塑性。规定性由爱丁堡大学的遗传学家沃丁顿最先使用，规定性指的是任何一种有机体的系统沿着某一路线，而不是沿其他路线发展的倾向。可塑性是灵活性比较专业化的说法。为了主动适应和反映外界环境的各种变化，神经系统能发生结构和功能的改变，并能维持一定的时间，这种变化就是可塑性，它包括后天的差异、损伤、环境及经验对神经系统的影响。加德纳所阐述的神经生物学中的规定性和可塑性同样适用于多元智能发展不平衡理论。

多元智能发展不平衡主要包括智能的初始水平的不平衡及成熟速度的不平衡。笔者的研究对象是0—12岁的儿童，即从婴儿出生开始，至于还未出生的胎儿不纳入研究范围，神经系统在胎儿胚胎期时是怎样影响胎儿智能的，笔者在此也不做研究。因此，笔者研究的神经系统是怎样影响多元智能发展不平衡的是在智能初始水平不平衡的基础上进行的。

神经系统中的规定性对多元智能发展不平衡影响最大，正如沃丁顿所说："我们很难使发展着的系统不朝其预定的方向发展，从而产生正常的结果。"[①] 神经系统遍布我们的全身，它联结着我们的大脑，具体而言，是联结我们大脑的各组织，大脑是我们身体的中枢系统，支配着我们的神经系统。然而大脑各组织之间是相互独立的，因此受大脑各组织支配的神经系统也应该是互不影响的。大脑最初是由神经系统中神经管的头端发育而成，神经系统在成熟过程中的规定性决定了受大脑各组织支配的各神经系统将按照各自的轨道发展，互不影响。各神经系统的成熟速度并不一样，由此决定了大脑各组织的成熟速度不同，进而受大脑各组织控制的智能的成熟速度也不

---

① 参考［美］霍华德·加德纳著，沈致隆译：《智能的结构》，浙江人民出版社2013年版，第52页。

相同。智能在成熟过程中表现出不平衡。神经系统中的可塑性是指为了主动适应和反映外界环境的各种变化，神经系统能发生结构和功能的改变，并能维持一定的时间。在这段时间内，神经系统结构与功能的改变，会在一定程度上影响到大脑各组织，进而影响到智能的成熟速度，使智能的发展表现出不平衡性。①

（三）大脑组织

多元智能发展不平衡是个体的各项智能及不同个体同一智能相互比较下的不平衡。假设就个体而言，其各项智能之间彼此联系，相互影响，比如语言智能跟音乐智能呈正相关，语言智能强，音乐智能也跟着强，语言智能成熟速度快，音乐智能也跟着速度快。如果这个假设成立，那么多元智能发展不平衡理论是很难成立的。所以多元智能发展不平衡的前提是各项智能间的独立及个体间同一智能的互不影响，加德纳已经明确表示各项智能是相互独立的。

加德纳在对脑损伤病人的研究中观察到中风恢复后的病人智力发生了变化。他曾经指出："从大脑损伤可使特定能力在孤立中被摧毁或消除这一意义上说，其对于其他人类能力的相对自律性似乎便是可能出现的了。"② 事实正如加德纳所说。大脑生理学的研究表明，大脑皮层中有与多项不同智能相对应的专门的生理区域来负责不同的智能。如果大脑皮层的某一特定区域受到伤害的话，某项特定的智能就会消失，但这种特定智能的消失对其他各项智能没有影响，也就是说，某项特定的智能消失了，其他各项智能还能继续正常发挥其功能。从脑损伤病人得到的有力证据，说明人类的神经系统经过一百多万年的演变，已经形成了多种智力的机能定位。由此，可以清楚地看出，个体身上确实存在着由特定大脑皮层主管的、相对独立的多种智能。

---

① 参考［美］霍华德·加德纳著，沈致隆译：《智能的结构》，浙江人民出版社 2013 年版，第 51 页。

② 刘家香：《多元智能理论视野下的地理教学实践研究》，华中师范大学 2007 年硕士论文。

因为各项智能由大脑不同组织主管，所以各项智能的独立也应取决于大脑不同组织的独立。对此，来自英国曼彻斯特大学、南通大学江苏省神经再生重点实验室等处的研究人员提出了确凿的证据，证明一部分大脑区域能独立于其他部分进化，这项研究还找到了几个调控不同大脑区域大小的遗传位点，这一发现也将极大促进我们对于大脑的理解。而此项研究最初的目的是解析大脑的不同部位是否能对进化刺激，彼此独立的做出应答，还是大脑作为一个整体来应答，这与之前的只进行一个物种脑部检测的研究不同。研究人员进行了约一万只小鼠大脑的分析，检测了每个大脑中七个独立部分的体积和重量，并且也扫描了每个动物除 Y 染色体外的全部基因组，确定了每个大脑部分的基因组。Hager 博士将这些大脑部位的体积变化与基因变化进行了比对，发现体积受到特殊的基因集调控，各部位的基因组都不同。之后他和同事还比较测量每只小鼠与其大脑的整体尺寸。令人惊讶的是，研究人员发现大脑各部位与整体尺寸间并没有太大的联系。"如果大脑所有不同部分是作为一个整体进化，那么就会看到是同一套基因影响所有部分的尺寸体积，但是我们发现大脑每个部位存在许多基因差异，这支持了镶嵌进化，而且我们也发现大脑各部位的大小与整个大脑的大小之间关联很小，这也支持了镶嵌进化假说"[1]。

这一研究充分证明了大脑各组织之间的互不关联，进而也为各项智能的独立提供了有力的生理学基础。从这项研究中也可以观察到，大脑各组织的成熟变化是受特殊的基因集调控，各部位的基因组都不同。我们大脑的初始结构决定了我们各项智能的初始水平，大脑初始结构的不同也决定了我们各项智能初始水平的不同；受特殊的基因集调控的大脑各组织的成熟变化是单独的成熟变化，各项智能的成熟变化与主管它的大脑各组织的成熟变化同步，这就决定了各项智能的成熟速度是不相同的。[2]

---

[1]　参考陆璐：《南通大学第一作者发 Nature 子刊文章》，2012 年 9 月 27 日，见 http：//www.antpedia.com/news/82/n-246482.html。

[2]　参考陆璐：《南通大学第一作者发 Nature 子刊文章》，2012 年 9 月 27 日，见 http：//www.antpedia.com/news/82/n-246482.html。

对于不同个体，就社会人这个角度来说，我们相互关联；而就生物人这个角度来说，我们彼此是独立的，至少我们彼此之间的大脑组织是独立。不同个人有着不同的大脑组织结构，有着不同的大脑组织的成熟变化，这就决定了不同个体的同一智能的初始水平的不同，同一智能的成熟速度的不同。

二、多元智能发展不平衡理论

加德纳提出的九项智能，每项智能都有不同的初始水平，每项智能的发展都有独立的发展历程，是一个从弱到强的过程，各项智能的发展存在不平衡性。这种不平衡是在智能起始发展之时到智能达到"高峰值"（"高峰值"，即大多数正常人的某一项智能的最高值）中的不平衡，主要体现为：就个体来说，在这个过程中智能会有强弱之间的轮替，每项智能都是从最初起点向智能"高峰值"发展，而它们"走过的路径"不一样，达到"高峰值"的时间也会有早晚，甚至某项智能可能会超过或达不到"高峰值"；同一个体的各项智能达到高峰值的时间不一致，不同个体同一智能达到"高峰值"的时间也会不一致，也有早有晚，而且速率也不一样。经过不断地深入研究，这种不平衡性主要分为以下几种情况：

（一）从个体的角度来看，九项智能发展是不平衡的，强项智能与弱项智能之间相轮替

具体分为同一个体九项智能发展是不平衡的，强项智能与弱项智能之间在人的某一时段相互轮替，在特定的某段时间内，这一项智能表现较强，而在另一段时间内，另外一项智能表现强。

就同一个体而言，我们的大脑组织结构决定了我们的各项智能的初始水平的不同，有的较强，有的较弱，各大脑组织的特点左右着我们智能的成熟速度。虽然各项智能之间是相互独立的，不同智能之间的优势和特点也难以相互迁移，但是就同一时间而言，各项智能之间会有强项智能与弱项智能之分，这种强弱之间的比较是相对的，是在统一标准前提下，赋予各项智能以

量化，得出一个可以用来量化的数值（智商），然后再对此数值进行比较，得出各项智能之间的相对强弱。

各项智能之间的相对强弱并不是固定不变的，在这一时间相对较强一些的智能在经过一段时间后并不见得与其他智能相比较还是较强的智能，其在各智能中较强的地位有可能被其他智能取代，这就是强项智能与弱项智能之间的相互交替。强弱智能之间的相互交替主要表现为：在某一特定的时段，某几项智能发展较快较强，其他智能发展较慢较弱，也就是某几项智能发展几乎达到了智能"高峰值"，剩余几项智能还在发展过程中。在另一特定的时段，原来发展较强的智能，后来发展较慢，甚至停滞不前，相对而言，原来发展较弱的智能，后来发展较快，逐渐成为强项智能。这主要是由我们大脑组织的特点决定的。如图2－1所示：

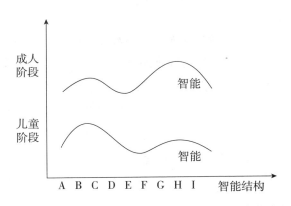

图2－1　某一个人的九项智能在不同阶段发展不平衡的情况

案例分析

　　1988年，马云从杭州师范学院外语系英语专业毕业后去了杭州电子工学院，任英文及国际贸易讲师。马云很快成为杭州优秀青年教师，发起西湖边上第一个英语角，开始在杭州翻译界有名气。因此，很多人来请马云做翻译，马云做不过来，于1992年成立海博翻译社，请退休老师做翻译。海博翻译社第一个月全部收入700元，房租2000元。为生存下去，马云背着大麻袋到义乌、广州进货，海博翻译社开始卖鲜花，卖礼品。1994 年海博翻译社营收持平，1995 年开始赚钱。海博翻译社赚钱之后，马云就没再管它。

1994 年底，马云首次听说互联网，1995 年初，他偶然去美国，首次接触到互联网。对电脑一窍不通的马云，在朋友的帮助和介绍下开始认识互联网。1997 年，马云和他的团队在北京开发了外经贸部官方网站、网上中国商品交易市场、网上中国技术出口交易会、中国招商、网上广交会和中国外经贸等一系列国家级网站。1999 年 3 月，马云正式辞去公职，和他的团队回杭州，以 50 万元人民币开始了新一轮转业，开发阿里巴巴网站。马云意识到互联网产业界应重视和优先发展企业与企业间电子商务，而这种模式被称为"互联网的第四模式"。

生活中经常会看到这样的事例，有些人的工作从一而终，有些人在从事某一职业几年后，就会转向其他行业去寻找更适合自己的工作，其实就是在寻找适合自己强项智能的工作。从马云的经历中可以看出，他虽然喜欢翻译社的工作，但是随着兴趣的转移，开始做自己更加热爱的事业，因此投向互联网行业。在大多数人看来，或许会觉得马云是有更高的追求所以才会转行，而笔者认为这只是看到了表面现象，如果我们更深入地研究会发现是马云觉得自己有实力做好转行的工作，这种实力源于能力、智能、兴趣和性格，由自身的智能和后天的努力决定。

马云刚刚毕业时，自身语言智能较强，因此他在翻译界也小有名气，但是随着翻译社经营不良，马云决定放弃翻译社的工作，此时体现出了马云内省智能的提高，发现自己具有敏锐的洞察能力。当然此时马云的语言智能依旧很高，在这个时段内，语言智能和自己的内省智能相比较较低，内省智能超过语言智能，促使人的兴趣和毅力转移，内省智能使马云知道了自己在当时的处境之下，什么才是适合自己的。马云转投互联网行业也和自己的人际智能、数理—逻辑智能和内省智能等几项智能息息相关。

马云的经历即是其各项智能发生强弱交替的过程，也是兴趣发生转移的过程。这在一个人的一生中经常会遇到的，年轻的时候喜欢某些事情，到了中年、晚年兴趣发生转移和变化，这种变化说明人的一生中智能的强弱是有变化的，也是在智能的变化基础之上，后天努力、认识不一致造成的。

（二）每项智能的发展有早晚，有一定的速度和速率，九项智能发展是不平衡的

同一个体有些智能可能早于其他智能达到"高峰值"，有些智能可能晚于其他智能达到"高峰值"；有些智能可能超过"高峰值"，有些智能可能低于"高峰值"。

从不同个体的角度来看，同一项智能发展速度、速率也是不平衡的。每一项智能的发展都有独立的发展历程，从弱到强的一个相对过程，达到相对"高峰值"的时间有早晚。因此，不同个体之间，就同一项智能而言，大多数人该项智能在差不多时间内达到"高峰值"，但是，有些人可能早于其他人达到"高峰值"；有些人该项智能较低，发展慢，较晚达到"高峰值"；有些人该项智能发展早，发展速度快，最后可能超过"高峰值"；有些人该项智能发展晚，发展速度慢，最后可能低于"高峰值"。如图2-2所示：

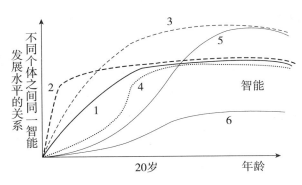

图2-2　不同个体同一智能发展不平衡的情况

图示说明：

1 表示某一项智能正常人的发展趋势；

2 表示某一项智能发展早，后期和正常人差不多的发展趋势；

3 表示某一项智能发展早，后期超出正常人的发展趋势；

4 表示某一项智能发展晚，后期和正常人差不多的发展趋势；

5 表示某一项智能发展晚，后期超出正常人的发展趋势；

6 表示某一项智能发展晚，后期低于正常人的发展趋势。

该图可以很好地勾勒出不同个体同一智能的不同发展趋势，即使对另一项智能，不同个体之间也存在着这种不平衡性。

1. 某一项智能发展较早，而且一直发展，速度较快，超过"高峰值"

就个体而言，每一项智能的发展，都是一个从弱到强的发展过程，某一智能在个体九项智能中发展较早，而且一直在发展，最后超过了"高峰值"，成为九项智能中最强的智能。这类人一般从小就表现出超人的智力与能力，家长只要善于观察，就不难发现这种倾向性，也就是美国心理学家、语言学家 K. G. 齐夫所讲的最小努力原则，由于该项智能较强，就有表现该方面的倾向性，他们通过能力来表现该项强项智能，在个体最擅长的领域，通过不断的努力，逐渐取得了卓越的成就。例如：某个人的语言智能可能在个体的九项智能中发展较早，而且是一直发展，最后超过"高峰值"，虽然其他智能也在发展，但语言智能一直是九项智能中最强的智能。语言智能最终发展成为九项智能中最强的智能。

就不同个体同一智能而言，如上图 2-2 中所示 3 的情况。同一智能在某些人的儿童时段表现特别突出，超过大多数儿童在这一项智能上的平均值，甚至超过他们许多，这些儿童的这项智能发展较早，在这项智能的表现方面也较强，从小就被认为是"天才神童"①，并且该项智能一直发展良好，最后超过"高峰值"。例如，某些儿童数理—逻辑智能发展较早较快，在学习过程中得心应手，成绩很好，有些儿童甚至数理—逻辑智能超过"高峰值"，成为数学方面的"天才神童"。随着自身的成长，其数理—逻辑智能

① 能力的高低是由多种智能和智力决定的，笔者在此为了能够更好表述多元智能发展不平衡的表现形式，忽略影响智能的其他因素，相关内容在后面几章会进行论述。

44

一直发展良好，最终超过"高峰值"，成为名副其实的"数学天才"。

　　这种情况在现实生活中很少遇到，对此现象我们要一分为二地看待，就培养在某一领域的精英人才而言，这种情况是需要的。就目前新课改而言，这种情况又有它的不足之处，仅仅是在某一方面表现突出，把个体几乎所有的精力和时间都用到了该领域中，势必会造成其他方面的缺陷，最终该个体不能获得自身的全面发展。对此，应该在兼顾其他智能发展的前提下，对较强智能进行重点发展，但我们不提倡刻意的天才教育。

案例分析

　　30多年前，一篇轰动全中国的报告文学《哥德巴赫猜想》，使得一位数学奇才一夜之间街知巷闻、家喻户晓。在一定程度上，这个人的事迹甚至还推动了一个尊重科学、尊重知识和尊重人才的伟大时代早日到来。他就是数学家陈景润。

　　数学家陈景润1933年出生在一个邮局职员的家庭，刚满4岁，抗日战争开始了。不久，日寇的狼烟烧至他的家乡福建，全家人仓皇逃入山区，孩子们进了山区学校。父亲疲于奔波谋生，无暇顾及子女的教育；母亲是一个终身劳碌的旧式家庭妇女，先后育有12个子女，但最后存活下来的只有6个。陈景润排行老三，上有兄姐、下有弟妹，照中国的老话——"中间小囡轧扁头"，加上他长得瘦小孱弱，不受父母欢喜、手足善待可想而知。

　　在学校，沉默寡言、不善辞令的他不受欢迎、遭人欺负，时时无端挨人打骂。可偏偏他又生性倔强，从不曲意讨饶，以求改善境遇，不知不觉地便形成了一种自我封闭的内向性格。人总是需要交流的，特别是儿童。禀赋一般的儿童面对这种困境可能就此变成了行为乖张的木讷之人，但陈景润没有。对数字、符号那种天生的热情，使他忘却了人生的艰难和生活的烦恼，一门心思地钻进了知识的宝塔，他要寻求突破，要到那里面觅取人生的快乐。

　　后来他遇到了终身获益匪浅的名师沈元。在沈元老师的帮助下，凭借自己天生对数学的喜爱，最后解决了"哥德巴赫猜想"，摘取了数学皇冠上的明珠。

图2-3　数学家陈景润

通常，一个先天的聋子目光会特别犀利，一个先天的盲人听觉会十分敏锐，而一个从小不被人注意、不受人欢迎的"丑小鸭"式的人物，常常也会身不由己或者说百般无奈之下穷思冥想，探究事理，格物致知，在天地万物间重新去寻求一个适合自己的位置，发展自己的潜能潜质。比如童年时代的陈景润就是这样。

从陈景润的生活经历中可以发现他的能力并不是很全面，在笔者看来，这是多元智能发展不平衡的一种表现，某一项智能发展较早，而且一直发展，超过"高峰值"，在他童年时期，就对数字、符号有种天生的热情，这反映了他的数理—逻辑智能发展较早，但是他在与人的交流方面存在缺陷，这反映了他的人际智能较弱。数理—逻辑智能在陈景润的九项基本智能中发展最早，从他一直保持对数学的热情来看，其数理—逻辑智能在后天的成熟速度较快，成熟水平也明显高于一般人。

通常我们发觉自己某一方面有潜质的时候，就会情不自禁地爱上这一方面，陈景润亦是如此。按照最小努力原则，有数学逻辑方面天赋的人，这种智能的倾向性也会较早表现出来，而且能够通过观察的能力表现出来。对于陈景润的成就，除了他多年坚持不懈的努力外，究其根源还是他在数理—逻辑智能方面优于常人。假如陈景润的九项智能中较强的不是数理—逻辑智能而是语言智能，那么笔者也会相信陈景润不可能会解决哥德巴赫猜想，经过自己的后天努力而可能成了一位了不起的文学专家。

2. 某一项智能发展较早，后期发展较慢，最后达到"高峰值"或超出"高峰值"一点点

就个体而言，这一现象具体表现为在人的成长过程中，某一智能前期成熟速度很快，成熟水平远远高于其他智能的成熟水平，在后期，成熟速度慢了下来，成熟水平和其他智能的成熟水平基本持平，最后达到了"高峰值"或超出"高峰值"一点点。

就不同个体同一智能而言，如上图 2－2 中所示 2 的情况。某些人的该项智能在儿童时期的成熟速度比其他同龄儿童的该项智能成熟速度较快，成熟水平也远远高于其他儿童的成熟水平，也就是一般人说的该项智能的智商比同龄人高出很多，但是，随着自身的不断成长，他们的该项智能发展较慢，成年后，其该项智能和其他同龄人的该项智能水平相差不多，也达到"高峰值"。从整个生命历程来看，这类人的该项智能并不突出，只是比别人发展较早、较快，比较早地表现出来而已。

这种现象容易给人造成一种误解。就某一项智能来看，在儿童时期的成熟速度超过其他同龄儿童的成熟速度，成熟水平也远远高于其他同龄儿童，他们在同龄儿童中给人一种"鹤立鸡群"的感觉，觉得这就是"神童"，长大以后肯定很了不起，但是随着年龄的增长，他们智能的成熟速度反而慢了下来，智能的成熟水平也是缓慢增长，渐渐地，其他同龄人的智能成熟水平赶上了他们，甚至超过了他们，他们和平常人没什么两样。原来被看成"神童"的那些儿童最后也和平常人一样，就是这种现象给我们的一种误解。大多数人的智能水平是差不多的匀速增长，而这类人智能发展的一个特点却是变速，前期很快，后期很慢。

这一理论能够很好地解释那些"神童不神"的现象。

比如少年上大学的情况，他们某些智能发展较早，例如语言智能、数

理—逻辑智能等，加上自己的努力，岁数较小就能考上重点大学，但从大学"少年班"走出来的人，最终取得卓越成就的不算很多，都和平常人差不太多，或者比平常人的智能稍高一些。如果用努力程度来解释"少年班"的这种情况未免有点牵强，只是他们早期相较其他同龄人来讲，智能成熟速度快，成熟水平高，都被认为是神童，所以才会被送入大学"少年班"，但在他们的智能成熟水平定格时却和大多数人的智能水平一样或稍高于他们的智能水平。

针对此现象，笔者呼吁家长要正确看待，在孩子智能成熟速度较快，智能成熟水平高于其他同龄人时，家长应尽最大努力把孩子的这种智能潜能尽可能多地激发出来。随着他们的成熟，其智能和其他同龄人相差不多时，很多家长可能将这种变化归因为自己孩子的不努力，因此家长会想尽一切办法去促使他们进步，让他们重回神童时代。笔者认为，后天的努力确实可以激发儿童的潜能，但是潜能的激发也有一定的度，在这个度之前，儿童的潜能很容易激发出来，过了这个度，再去激发他们的潜能就会很困难。当他们后期智能成熟水平和其他同龄人差不多时，就没有谁比谁表现得更为优秀了，这是一种正常现象。家长如果还是无休止地迫使自己的孩子表现得比其他人都好，恐怕会弄巧成拙。因此，笔者建议家长，当孩子后期表现得没有那么优秀时，应注意观察一下，到底是因为不努力造成的，还是努力了并没有明显的效果。因为某项智能如果真的很高，在与该项智能有关联的领域做起事情来会觉得得心应手，稍加努力潜能就会被激发出来。所以，要做出明智的判断。

案例分析

　　金溪民方仲永，世隶耕。仲永生五年，未尝识书具，忽啼求之。父异焉，借旁近与之，即书诗四句，并自为其名。其诗以养父母、收族为意，传一乡秀才观之。自是指物作诗立就，其文理皆有可观者。邑人奇之，稍稍宾客其父，或以钱币乞之。父利其然也，日扳仲永环谒于邑人，不使学。

余闻之也久。明道中，从先人还家，于舅家见之，十二三矣。令作诗，不能称前时之闻。又七年，还自扬州，复到舅家问焉，曰"泯然众人矣"。

王子曰：仲永之通悟，受之天也。其受之天也，贤于材人远矣。卒之为众人，则其受于人者不至也。彼其受之天也，如此其贤也，不受之人，且为众人；今夫不受之天，固众人，又不受之人，得为众人而已耶？

在《伤仲永》一文中，方仲永才能变化的三个阶段，一是方仲永五岁时才能初露，二是十二三岁时才能衰退，三是又过七年后"泯然众人"的结局，才能的这三种变化其实是其智能成长变化的外在表现形式。王安石对于方仲永这种现象的解释是后天没有受到正常的教育。现代很多学者也认为是方仲永后天的不学习才造成"泯然众人"的结局，但是笔者并不赞同这种观点。方仲永后天没在学习吗？他作诗给别人的过程也是他学习的过程。

通过"某一项智能发展较早，后期发展较慢，最后达到'高峰值'"来解释分析这一现象：方仲永的语言智能发展较早而且在他的九项智能中是强项智能，并且与其他同龄人相比，他的语言智能超过大多数人。在他五六岁的时段，其语言智能的成熟水平远远超过其他同龄儿童语言智能成熟水平，甚至和其他人在他们十二三岁时的语言智能是一个水平，有如此高的语言智能，再加上他后天的稍加努力，所以在学习和作诗方面才会表现的得心应手，所见之人都夸他通达聪慧，称他为"神童"，都认为将来这孩子肯定会有大作为。随着方仲永的成长，其语言智能的成熟速度越来越慢，语言智能的成熟水平增长也慢了下来，但是其他人的语言智能还在发展，所以在他十二三岁才会出现"令作诗，不能称前时之闻"的现象。到了方仲永二十岁的时候其语言智能基本定格，停留在平常人的"高峰值"附近，"泯然众人矣"，没有再发展，他最终成为一个平常人，也就会出现"神童不神"的现象。

所以，并不是方仲永后天不受教育、不努力学习，而是他本人的最终语言智能水平和平常人是一个水平，或者超出平常人一些，只是他的语言智能发展较早，在儿童时期比其他同龄人较强而已。

3. 某一项智能发展较晚，后期发展较快，最后达到"高峰值"

就个体而言，这一现象主要表现为某一项智能在儿童时期成熟速度较慢，低于其他智能的成熟速度，成熟水平也比其他智能的成熟水平低，随着个体年龄的增长，该项智能的成熟速度可能比以前稍微快些，但还是低于其他智能的成熟速度，该项智能的成熟水平也依然低于其他智能的成熟水平，其他智能都已达到"高峰值"时，该项智能仍在成熟过程中，又经过一段时间，最后该项智能的成熟水平达到"高峰值"。

就不同个体而言，如上图2-2中所示4的情况。某个体的某项智能的成熟速度在儿童时期低于其他同龄儿童的该项智能的成熟速度，其该项智能的成熟水平也低于其他同龄儿童的该项智能的成熟水平，随着该个体年龄的增长，该项智能的成熟速度虽然加快，但还是低于其他同龄个体该项智能的成熟速度，该个体的该项智能的成熟水平也依然低于其他同龄个体该项智能的成熟水平，其他同龄个体该项智能达到"高峰值"时，该个体的该项智能还在成熟过程之中，随着年龄的增长最后达到正常人的"高峰值"，就是比别人晚一些时间，也就是人们普遍说的这个人成熟较晚。

这种现象与后面将要提到的"某一项智能发展较晚，后期发展较慢，最后低于'高峰值'"这一现象虽然在表现形式上有些类似，但是这两种现象的最后结果不一样，一个是随着个体年龄的增长，最后达到"高峰值"，只是某项智能达到"高峰值"的时间晚于其他智能达到"高峰值"的时间。对于不同个体而言，就是同一智能达到"高峰值"的时间也晚于其他个体达到"高峰值"的时间。这两种现象产生的原因也有所不同，该现象产生的原因是智能的成熟速度确实很低，一直低于正常人，但还是会成长，所以当其他智能或他人的同项智能在发展时，该智能的成熟速度低于其他人，当其他智能或他人的同项智能达到"高峰值"时，该项智能还在成熟过程之中，随着年龄的成熟，才达到了"高峰值"；后一种现象产生的原因是该个体就不是正常人，至少从生理角度讲不是，因为他们的大脑存在缺陷，导致他们智能的成熟速度和成熟水平一直低于正常人，最后也没有达到"高峰值"。

智能属于这种表现形式的个体就是日常生活中所说的天资愚笨的人，如果我们仔细观察自身周边的生活会发现总是有些人不管怎么努力总是取得不了应该得到的成绩，而有些人平时看着不怎么努力，取得的成绩却比一般人高。这是因为在我们智能较高的领域，做起事情来会显得很容易，而在我们智能较弱的领域，做起事情来就会很困难。这种"努力了取得不了相应成就，不怎么努力反而会有较高成就"的现象可能会让人觉得迷惑，尤其是天资愚笨的人可能更会感到迷惑，如果他们认识不到原因所在，很可能产生一些心理问题，严重的话还可能危害社会。笔者在此呼吁，希望那些天资愚笨型的人要树立一个良好的心态，或许与别人相比我们可能稍差一些，稍晚一些，但如果拿后期的自己跟前期的自己相比肯定会有所进步的。而且每个人的九项智能中肯定有强项，自己的强项智能可能比别人的该项智能高，也就是加德纳所说的聪明只是某一方面比别人聪明。

4. 某一项智能发展较晚，而且一直发展，最后超出"高峰值"

就个体而言，这一现象主要表现为某一项智能在儿童时期成熟速度较慢，低于其他智能的成熟速度，成熟水平也比其他智能的成熟水平低，随着个体年龄的增长，该项智能的逐渐发展，该项智能的成熟水平逐渐增高，最后超过个体的其他智能并且超过"高峰值"。即前面提到的个体的不同智能在不同阶段有可能出现轮替的现象。

就不同个体而言，如上图 2 - 2 中所示 5 的情况。某个体的同一项智能的成熟速度在儿童时期低于其他同龄儿童的该项智能的成熟速度，该项智能的成熟水平也低于其他同龄儿童的该项智能的成熟水平，随着个体年龄的增长，该项智能的逐渐发展，该项智能水平逐渐增高，最后该个体的该项智能超过其他人，并且成熟水平超过"高峰值"。

这一现象与前面提到的"某一项智能发展较早，后期发展较慢，最后达到'高峰值'"同样会让人有一种误解。由于在我们做某件事情或者从事某种职业时，用到的智能不止一项，是多项智能相互联合在起作用，所以我们某项智能较弱时，往往会影响到我们所做的事情或所从事的职业。当某个体的某项智能在儿童时期成熟水平低于其他同龄儿童的该项智能的成熟水平时，他们在做某件事情时会表现得比其他同龄儿童差，这样的儿童会被贴上"坏"的标签，成为家长眼中的"笨"孩子，老师眼中的"差"学生，很多人甚至还会认为他们将来不会有多大的成就。家长和老师用这种眼光看他们，无疑会给儿童的心灵造成创伤，儿童的心灵是脆弱的，他们渴望得到的是一种关怀而非责骂。即便是随着年龄的增长，他们的智能成熟速度加快，智能成熟水平赶上或超过其他同龄人时，这种创伤也会影响他们潜能的激发。这类人的最终智能并不比别人低，只不过他们的智能在前期低于其他同龄人。就此现象，希望家长以发展的眼光看待自己孩子的智能成熟过程，不要过早地就给他们的智能水平盖棺定论。

笔者认为智能的这种发展状况能够很好地来解释生活中许多"大器晚成"的现象，比如我们大家熟悉的物理学家爱因斯坦，小时候并不被老师看好，经常被同学奚落，是大家公认的"差"学生。但是随着成长，爱因斯坦的智能成熟速度加快，智能的成熟水平也越来越高，加上他自己的努力，取得的成就是其他人望尘莫及的。

案例分析

齐白石（1864—1957），湖南湘潭人，20世纪中国画艺术大师，20世纪十大书法家之一，20世纪十大画家之一，世界文化名人。齐白石小时候家境贫困，虽然在绘画方面有所兴趣和爱好，但一直没有展现的机会，并且表现不佳。后来遇到了自己的师傅，在绘画方面的天赋得到展现，也经常拜访一些大师级画家，游览山水，取材作画，但是他的画并没有什么名气，自己也很少为人所知，到了五十多岁时都还没有出名，后来他进行画风的转变，收到奇效，画作大卖，终成一代名家。

丘吉尔是20世纪最伟大的政治家之一，第二次世界大战时曾担任英国首相。丘吉尔曾因成绩差而放弃了考大学的念头，转考陆军士官学校又两次落榜，第三次才好不容易考取。丘吉尔少年时很淘气，而且对学科的好恶非常明显。他小学时的一位女班主任老师说：我那时对丘吉尔的印象是：这个矮个子的红脸小孩是全班最淘气的孩子。我甚至还认为他不仅是在全班，而且是世界上最大的淘气包。他以最低的成绩考入了一所普通学校——哈洛学校。关于丘吉尔进入哈洛学校，还有一个秘闻——在入学考试中，丘吉尔的拉丁文考卷答案只有一个字母和钢笔水的污痕，当然不及格。可当时，校长却说他合格，准许他入学。校长的理由是：伦道夫的儿子肯定不是那种劣等生。在哈洛学校，他特别不爱学希腊语和拉丁语等古典语，成绩总是不及格。丘吉尔回忆自己在哈洛学校的经历时说：我的老师们如果想到我年龄这么小却读那么难的书，而我的成绩又很差，似乎苦于难以断定我究竟是早熟呢，还是智力发展迟钝。

图2-4　大器晚成画家齐白石

　　齐白石小时候就喜欢作画，体现出他的空间智能发展较早，但也许这只是他九项智能中较强的智能，如果和其他人的空间智能相比较，未必就比别人的强。齐白石对作画的喜爱使他一直将自己的精力投入到作画中，但是前期收到的效果并不明显，画作没有大卖，也没有什么名声。在笔者看来，这是因为齐白石的空间智能的成熟速度较慢，成熟水平也不高，不管怎么努力总是取得不了应有的回报。在五十多岁时，大多数人的智能成熟水平已经定格，趋于稳定，但是齐白石的空间智能并没有停滞不前，而且还在一直发展，成熟水平也随之提高，后来该项智能超越大多数人的智能，加上后天的努力，他的画工可以说是经历了一个柳暗花明的转变，终成一代名家。

丘吉尔小时候成绩很差，老师也很难判断丘吉尔究竟是早熟呢，还是智力发展迟钝。笔者认为，丘吉尔的智能发展较晚，而且较慢，其成熟水平比别人低一些，尤其是语言智能，但随着他的成长，某些智能发展较快，最后超过其他人的智能，"大器晚成"。

5. 某一项智能发展较晚，后期发展较慢，最后低于"高峰值"

就个体而言，这一现象主要表现为某一项智能在儿童时期成熟速度较慢，低于其他智能的成熟速度，成熟水平也比其他智能的成熟水平低，随着个体年龄的增长，该项智能的成熟速度依然是那么慢，还远低于其他智能的成熟速度，该项智能的成熟水平也依然低于其他智能的成熟水平，其他智能都已达到"高峰值"时，该项智能仍在成熟过程中，最后该项智能的成熟水平逐渐定格，没有达到"高峰值"。

就不同个体而言，如上图 2－2 中所示 6 的情况。某个体的某项智能的成熟速度在儿童时期低于其他同龄儿童的该项智能的成熟速度，该项智能的成熟水平也低于其他同龄儿童的该项智能的成熟水平，随着该个体年龄的增长，该项智能的成熟速度依然很慢，仍然远低于其他同龄个体该项智能的成熟速度，该个体的该项智能的成熟水平也依然低于其他同龄个体该项智能的成熟水平，其他同龄个体该项智能达到"高峰值"时，该个体的该项智能还在成熟过程之中，最后也就基本定格于此，没有达到"高峰值"。

这种现象与前面提到的"某一项智能发展较早，而且一直发展，超过'高峰值'"在生活中都是很少遇到的，笔者认为智能的这种发展状况与个体的大脑组织、生物学基础和神经系统密切相关，如果大脑组织先天存在缺陷，或神经系统发展不完善，都会影响到智能的后天发展。生活中我们会发现有些人的生理年龄已经超过 18 岁，属于成人了，可他们的智能水平却同其他正常人在 7—8 岁时的智能水平一样。造成这种情况的原因可能是先天的缺陷，也可能是后天因为某种疾病致使大脑组织或神经系统受损，但不论是哪种原因，他们的智能成熟速度都很慢，甚至是"零增长"，智能成熟水平也远低于正常人的智能成熟水平。

若出现以上问题，后天的努力也就无法弥补先天智能的不足。如果说智能是一种能源，后天的努力是发动机，当汽车的油箱之内没有可用能源时，发动机也就成了摆设，同样的道理，如果说智能本来就低，无休止地努力去激发这种潜能所表现出来的能力也是很差的，此时努力也就成了无用功。笔者在此的用意是说当智能因大脑组织或神经系统的原因很低时，努力是不能弥补这种不足的，但这并不是说不要努力，至少努力也是一种值得肯定的精神。笔者呼吁广大家长如果遇到此种情况，千万不要无休止地强迫孩子们努力，只要让他们过得开心就好。

小　结

本章主要就多元智能发展不平衡的生理基础和多元智能发展不平衡的表现形式对多元智能发展不平衡理论进行阐述。多元智能发展不平衡理论是笔者经过多年的跟踪观察和实践研究大胆提出来的。笔者提出此理论的初衷在于能够使家长清楚地认识到在儿童的成长过程中并不是努力可以决定一切，智能在儿童的成长过程中也占有非常重要的位置，尤其是对0—12岁的儿童来说。根据本理论，希望家长在对儿童出现的教育问题进行归因时，能够把智能的因素考虑在内，而且应该作为第一要素考虑。当然，本理论虽然是经过笔者多年的跟踪观察和实践研究得出的，但它还有诸多不足之处，还需实践的检验，有待进一步完善。希望多元智能发展不平衡理论能够使家长对儿童的教育问题有更加清晰、深刻的认识，能够在教育儿童的过程中起到积极作用。

第三章
关于智能、智力与能力的研究

传统的理论中，将智力与智能等同，认为智力就是智能。笔者根据自己多年的教育教学研究以及观察经验，认为应将智能、智力以及能力三者区分开来，它们各自有自己的定义和特点，智力也不再与智能相等同，就智能的规定性与可塑性、灵活性等特点而言，笔者对于加德纳的观点部分赞同。在本章中要解决几个问题：一是关于智能、智力和能力的新认识，二是某人的某一项智能强，其对应的能力是否一定强。笔者将对此深入探究，阐述自己的一些想法。

在加德纳教授的"多元智能理论"研究以及笔者的"多元智能发展不平衡"理论的基础上，本章就智能、智力与能力的定义、它们各自的发展特点及其它们之间的关系展开了一些探究。

一、智能、智力与能力的概念

（一）什么是智能？

关于什么是智能，学术界众说纷纭，一般认为，智能是指个体对客观事物进行合理分析、判断及有目的地行动和有效地处理周围环境事宜的综合能力；也有人认为智能是多种才能的总和。

结合加德纳教授的见解可知：智能是智力的实体存在，受遗传的制约，从生命一开始就起作用，并且将按照某些特定途径而不是另外的途径发展，这是由智能的本质所决定的。①

此外，智能具有以下几个特点：

第一，具有规定性。也就是任何一种智能沿着某一路线，而不是沿着其他路线发展的倾向性。

第二，具有可塑性。智能虽然有遗传方面的影响，但是，智能并不是一成不变的，智能也会随着机体的成熟以及外界环境的一些刺激，而逐渐发展与成熟。但需要说明的是，智能的规定性的作用要大于它的可塑性，而且可塑性是一个漫长的过程。

第三，各项智能之间是相互独立的。一项智能的存在问题，并不会影响其他智能。不能因为个体的某项智能较弱就认为他没有发展潜能，无论是个体本人，还是外界他人，都要有这方面的信心。智能的发展是可塑且不平衡的，谁也不能就当前的一些情况妄加揣测，这是极其荒谬与愚蠢的。正如加德纳所言，"智能是多元的，这些智能并非可以证明的物质上的实体存在，而是作为潜在的、有用的科学概念而存在。"②

另外，并不是所有的智能都有一定的生理基础作为支撑。例如，一位歌手在嗓音方面相对于其他人来说肯定是独具优势的，这一点有相对应的生理存在。但是好多智能我们并不能找到与之相对应的生理支撑，例如，一个人的数理—逻辑智能强、人际交往智能强等，却无从找到生理上的支撑。当然，关于为什么会得出数理—逻辑智能与人际交往智能强，我们可以从个体的日常行为观察得知，有些智能还可以通过一些测验将其量化。

（二）什么是智力？

在传统的观点中，智力通常称为智慧，也称为智能，是人们认识客观事物并运用知识解决实际问题的能力。智力包括多个方面，如观察力、记忆

---

① 参考［美］霍华德·加德纳著，沈致隆译：《智能的结构》，浙江人民出版社 2013 年版，第 86 页。

② 参考［美］霍华德·加德纳著，沈致隆译：《智能的结构》，浙江人民出版社 2013 年版，第 88 页。

力、想象力、分析判断能力、思维能力、应变能力等。智力的高低通常用智力商数来表示，是用以标示智力发展水平。①

由此可知，智力是通过感知、记忆、思维、想象、分析、归纳等形式，针对当前环境，综合与调动多种智能，运用所学知识与经验，所产生的心理活动。

简而言之，智力是调动多种智能，结合当时面临的一些情境，运用所学知识与经验，所产生的一种心理活动。既有先天遗传基因的作用，也是后天学习与环境改变的结果。例如，在建一座大桥之前，工程师们会根据当前的实际情况，在自己的头脑中规划，勾勒出蓝图；学者们在做研究之前自己也会有对这项研究的一些构思；就连简单的家务事，在行动之前，人们都有自己的一些计划。

所以说，智力是综合各项智能，运用所学知识与经验，因时因境所产生的一些心理活动，这些心理活动都是以智能为基础的。但是，应该注意与强调的是，智力活动考察的不仅有智能这一基础的部分，还有将各项智能综合起来的一些素质的考验，单纯的智能是不能完全体现智力的。智力是多方面因素共同促成的。在智能的基础上，还有学习与教育的作用、社会经验的作用、环境的作用等。智力要具有如下特点：

第一，具有可塑性和灵活性，智力是在智能的可塑性上发展起来的。但是其本身也具有可塑性，会随着外界的影响逐渐发展，会随着环境的改变相应地做出一些调整（包括外部环境和本身有机体的改变）的适应性。例如，一个构思、一个计划、一个方法、一个策略等，在大脑中的心理活动，会根据环境的变化而相应的变化。

第二，具有规定性，但智力的规定性是源于智能。智力的规定性是从智能的规定性方面衍生过来的。需要注意的是，智力的规定性不是智力发展的主导方面，智力的可塑性与灵活性大于智力的规定性。

第三，加德纳教授提出智能存在可塑性和灵活性，但不是很明确。笔者

———————
① 参考张战鹰：《我对"智力"定义的浅见》，《丽水师专学报》1986年第2期。

认为智能的可塑性和灵活性是智力的可改变性和适应性，从而解决了这个难题，将可塑性和灵活性从智能概念中剥离出来，是非常合适的。

第四，智力还具有可迁移性。我们对某一方面的经验可能迁移到另外一件事上面，例如，"思维定势"、"刻板映象"就是一种迁移，但这种迁移比较死板。还有就是我们常说的"吃一堑长一智"。人的一生都在不断地学习与成长，在不断地累积经验，从一件事上吸取教训得到成长，来自环境的刺激也能使人成长。

（三）什么是智商？

提到智商一般都会将其与智力测验和智力测量联系在一起。一般来说，智商是智力商数的简称（Intelligence Quotient），是通过一系列标准测试测量人在其年龄段的智力发展水平。[①]

由此可知，智商是以某一项或几项智能为基础的智力的量化值，是通过测验以某一项或几项智能为基础的智力的量化、外显化。

当然，所谓的智商并不是对人所有智能的评估，智商只是以某一项或几项智能为基础的智力量化值。在生活中，我们常常会听见有人说姐姐比妹妹聪明。这其实是一种误解，聪明只能说某人在某一方面或某几个方面比别人聪明，并不是说某个人各项智能都是强项。正如我们不能单纯地认为，爱因斯坦比莫扎特聪明一样。可能在数理—逻辑上，爱因斯坦确实超出莫扎特很多，但是在音乐智能上，很显然，我们会得到截然相反的答案。

笔者认为，智商是以几项智能为基础的智力的量化值，如此看来，所谓的情商等都属于智商的一类，它是情绪情感智能上的一种量化表现。

（四）什么是能力？

一般而言，能力是完成一项目标或者任务所体现出来的素质。人们在完成活动中表现出来的能力有所不同。能力总是和人完成一定的实践相联系。

---

① 参考张战鹰：《我对"智力"定义的浅见》，《丽水师专学报》1986 年第 2 期。

离开了具体实践既不能表现人的能力，也不能发展人的能力。对能力的认识，笔者强调能力必须与实践活动联系在一起，但关于能力的综合观点与定义方面可能与一般观点有所不同。

笔者认为，能力是为适应和改造环境，在有机体自身智能的基础上，运用智力解决实际问题的实践活动。

第一，能力是一种合力。几种智能与知识以及经验等相加起来形成的合力。当然这种相加并不是简单的函数相加。

首先，我们必须有一定的智能基础，这是能力发挥出来的物质基础，没有智能一切都是空谈。此外，智力同样也是能力构成的关键要素，它们之间的关系很微妙，可以说智力是能力展现的桥梁，当面对现实中的一系列刺激时，智力通过各种"心理途径"为当前问题寻找解决方法，其实这中间的过程也就包括了我们的能力过程，这便是两者关系的微妙之处。之后，便是我们将智力这种心理活动提供的解决方法付出实践，此过程中能力部分会有筛选、综合甚至是完全改变（这里可能涉及一个新的智力过程），最后在实践中取得成功。至于我们能力的展现方式，那就是外显的行为。其实，无论是智能、智力还是能力，其展现方式都是行为。在现实中，我们夸一个人能力强，也同样是对其智能与智力表示了肯定。

第二，能力是一种实践活动。这里强调的是能力与实践之间存在密不可分的关系。能力没有实践活动这片土壤是很难茁长成长的。一方面，我们只有在实践中遇到一些问题，才会调动我们的智能基础，通过智力分析来解决我们的问题。另一方面，我们的能力是在实践中愈来愈强，处理问题的效率也会越来越高。实践是我们能力展现与成长的舞台。

第三，能力具有规定性。因为个体的能力在智能与智力的基础上体现，所以能力同样具有规定性，一个人的能力并不是无限的，它受智能基础的制约，能力是有高低差别之分的。

第四，能力具有灵活性与可塑性。能力在一定的基础上通过后天的教育与个体自身的努力是可以达到一定高度的，一个人的能力水平不是天生的，而是要经过学习与历练再加上个体的主观努力才能得到提升。有些先天条件并不是很优秀的人在后天的努力下，其能力也可以达到很高的水平。所以，能力的主要方面是它的可塑性与灵活性，谁也没有资格抱怨自己的能力差，因为这是我们可以选择、锻炼的，并不是先天决定的，即使先天也占有一部分作用。

二、智能、智力与能力之间的基本关系

从总体上来把握，智能、智力与能力三者之间的关系，如下图3-1：

图3-1　智能、智力与能力三者之间的关系

（一）智能为智力和能力的实现提供基础，无智能就无智力和能力

每个个体都是在一项或多项智能的基础上发展自己的智力与能力。智能在智力与能力的发展过程中发挥着基础性的作用。我们只有具备了某方面的智能，那么与之相对应的智力与能力才会有发展的可能性，正如我们不可能让一个五音不全的人成为一名音乐家，不能让身高只有1.5米的人在篮球方面有所成就。所以，我们要在智能的现实基础上发展，不能脱离这一基础。

（二）智能强，未必智力与能力强；智力与能力强，智能一定不弱

首先，智能强，未必智力与能力强。智力与能力是多方面综合发展的结果，是一种合力作用的结果，并不是只有了智能这一基础就可以。智力的发展需要外界环境的影响，需要教育的作用，也需要人的主观能动性的发挥，

离开任何一方面，智力的发展就不全面。同样的，能力的发展亦是如此，除了以上几点外，能力的发展还需要经验的作用，需要经过多次的实践来促进能力的发展。从某种程度上来说，实践对一个人的能力的发展起着至关重要的作用。

其次，智力与能力强，智能一定不弱。当个体的智力与能力比较突出时，这个人相对应的智能应该就不弱。就传统意义上的智力而言，我们无法通过教育与环境影响使那些"智障人士"在某一领域成为佼佼者，恐怕想要成为像我们这样的普通人都是件不容易的事。所以，智能是智力与能力发展的必要不充分条件。

三、某一项智能与智力、能力的关系

不同个体之间同一项智能在人的一生发展中存在不平衡性：

（一）有的智能发展较早，其表现出来的能力倾向性也很强，较早就能被人们察觉出来，借助智力和能力以外显的行为表现出来

这也就是前面提到的 K. G. 齐夫所说的最小努力原则，人总是做自己最经济、最省力、最近的事情，这种外显的实践活动就是能力，人们通过能力来表现某段时间内的智能。

如下图 3 - 2 中，A1 与 B1 分别代表两人的同一项智能，A2 和 B2 分别代表两人的同一智能的智力和能力，B1 代表大多数人的高峰值，也就是正常人的智能水平。相对于 B1 来说，A1 属于优势智能。它的发展存在两种情况：

第一种情况，如图 3 - 2，A1 作为优势智能，一直"屹立不倒"。在这种智能的基础上，通过后天的努力，加上环境与教育的影响，这种智能对应的智力与能力就会很强。A2 是 A1 所对应的智力与能力，在后期的发展中发展得很好，超越了 B1 所对应的智力与能力 B2。在此种智力与能力的支持下，非常适合个体的发展。前期儿童阶段 A1 高于 B1，智力和能力 A2 高于

B2；随着儿童的不断成长，逐渐长大成人，后期的 A1 高于 B1，智力和能力 A2 高于 B2。此类人在某一项智能方面确实高于大多数人，成为该领域的佼佼者。这种情况在我们现实社会中很少见。

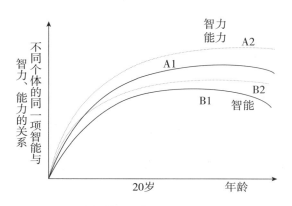

图 3-2　不同个体同一项智能发展与智力、能力的关系情况之一

第二种情况，如图 3-3，在儿童时期，A1 作为优势智能，早早地高于 B1，其智力和能力 A2 远远高于 B2，根据个人的本性和倾向性，智力和能力也表现得很早。这给人们一种很强的刺激，对此类人格外器重，并给予很高的关注和期望。在后期的发展过程中，由于智能发展较慢，速度较小，此项优势智能最终与正常人的水平差不多，其智力与能力的发展也没有非常突出，与一般人的智力与能力并没有太大差别。但是笔者认为，拥有特殊智能与特殊天赋的人，在后期的发展中，只要不是出现太大变数，他们的智力与能力发展相对于普通人来说都是比较突出的，高于或者等于普通人。例如"神童不神"现象和"方仲永"，对于仲永的后期发展，笔者认为可以从以上理论找到合理解释。

（二）有些智能则不然，有的智能发展较晚，其表现出来的能力倾向性也很弱

在儿童时期，不同个体之间，某人的智能 A1 对于另外一个人的同一项智能 B1 来说发展较慢，其智力和能力也发展较慢，速度较小。随着儿童的

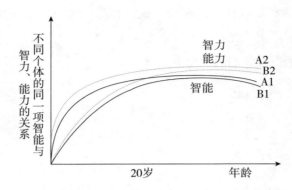

图3-3　不同个体同一项智能发展与智力、能力的关系情况之二

不断成长，其智能、智力和能力也在不断发展，这种趋势的发展有三种情况：

第一种情况：如下图3-4所示，后期经过智能的快速成长，速度较快，A1逐渐高于B1，再加上后期环境的改变、完善的教育与个体不懈地努力，其智力与能力的发展逐渐突出，A2也远远高于B2，超越了正常人，成为"佼佼者"，这便是我们所说的"大器晚成"。这种情况在我们现实社会中也很少见。

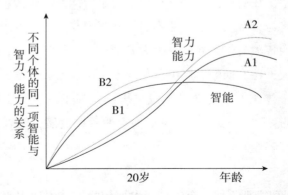

图3-4　不同个体同一项智能发展与智力、能力的关系情况之三

第二种情况：如下图3-5所示，后期经过智能的不断成长，速度也较快，A1逐渐赶上B1，再加上后期环境的改变、完善的教育与个体不懈地努

力，其智力与能力的发展也逐渐体现，A2 也与 B2 差不多，达到了正常人的水平。

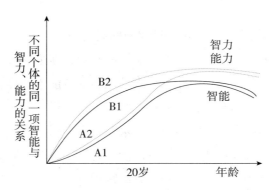

图 3－5　不同个体同一项智能发展与智力、能力的关系情况之四

第三种情况：如下图 3－6 所示，此项智能便是我们的弱项智能了，即使到后期智能虽然也成长，但是速度很慢，甚至停滞不前，A1 落后于 B1，尽管有后期环境的改变、完善的教育与个体不懈地努力，其智力与能力的发展虽有所提高，但是与正常人还有差距，A2 也远远落后于 B2。

但是，此类人智力与能力的发展也低于一般人，他们属于一个特殊群体，即使后天教育再好、后天的努力再多，也很难再有一个质的飞跃。这种情况在我们现实社会中也很少见。

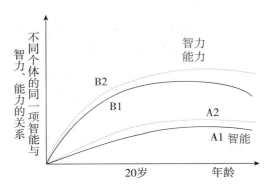

图 3－6　不同个体同一项智能发展与智力、能力的关系情况之五

四、某几项智能与智力、能力的关系

（一）某一项智能强，该项智能对应的能力不一定强

不管是智力还是能力，都是调动不同的几项智能来完成心理或实践的活动，也就是解决实际问题。由于每个人的强弱项智能不一样，以及为了解决某个具体问题，调用的几项智能的排列组合也不一样，所以不同的人能力也千差万别，即使相同、相近的能力，其水平也有高低。

一是同一个人解决不同方面问题的能力是不一样的。因为同一个人为了解决不同的问题调用的智能不一样，有的调用 ABC 三项智能（ABCDEFGHI 代表某个人不同的九项职能，A 是强项智能，以下相同），可能解决另外一项具体问题时，需要调用 ABDH 几项智能，也可能为了解决其他问题，需要调用 ACDGH 几项智能。因此，由于强弱项智能不一样，而且这九项智能的排列组合也不一样，使得能力的表现形式多种多样，即使同一个人，某一项智能是强项，但是解决的问题不一样，调用的智能排列组合不一样，结果也会多种多样。

二是某人的某一项智能强，其对应的能力不一定强。这就是为什么个子高的人篮球打得也不一定很好。因为这些实践活动体现着人的某一方面的能力，这一方面的能力需要调动几项智能，这几项智能都较强，其能力就很强；如果这几项智能中只有一项较强，其他智能一般，其能力也表现一般；如果一项智能较强，其他几项智能较低，甚至很低，那么在这一方面的能力就较弱。即使不同的两个人某一样智能都是强项，但是在解决同一个问题时所调用的智能的排列组合不一样，结果也是不一样的。

（二）几项智能都较强，解决这一方面实际问题的智力、能力就较强；能力强，必有几项强项智能

解决某一方面实际问题的智力、能力需要几项较强的智能支撑，才能发挥更大的作用。反之亦然。能力强，必有几项智能是较强的。

如图3-7所示，以某一方面的智力、能力调用三种智能情况为例：

A1、B1、C1分别代表同一个体的三项智能，E是普通人各项智能正常值的代表，在这几项智能中，我们明显发现：

1. 智能A1比一般人的要高，且与其他智能B1、C1相比也存在明显的优势，也就是说，某人的强项智能是A1。智能B1、CI与正常人的智能值相差无几。总体上来说，某个体的智能A1很强，高于常人，其他项智能与常人无异，约等于常值。

2. 在一般情况下，智能A1的发展可能对应的智力与能力发展水平是A2，但是由于其他两项智能的强有力支撑，其表现出来的智力和能力B2要比只有强项智能A1原有的能力A2要高。

3. 即使不同个体之间，同一强项智能，由于其他智能发展的不平衡性，该项智能所对应的智力、能力是有高低之分的。

4. 如果某个人在某一方面能力较强，必定在这一方面有几项智能是强项智能。

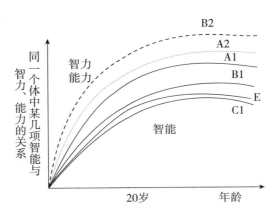

图3-7　同一个体中，某几项智能与智力、能力的关系情况之一

（三）某一项智能较强，其他几项智能较弱，解决这一方面实际问题的智力、能力不一定强；在某一方面能力弱，必有一项或几项智能较弱

解决某一方面实际问题的智力、能力，需要几项智能的支撑，如果其他几项智能较弱，那么，对应的能力要比我们想象的低。反之亦然。能力较

弱，必有几项智能是较弱的。

如图 3-8 所示，以某一方面的智力、能力调用三种智能情况为例：

A1、B1、C1 分别代表同一个体的三项智能，E 是普通人各项智能正常值的代表，在这几项智能中，我们明显发现：

1. 智能 A1 比一般人的水平要高，且与其他智能 B1、C1 相比也存在明显的优势，也就是说，某人的强项智能是 A1。智能 B1、CI 与正常人的智能值相比较低。总体上来说，就是某个体的智能 A1 很强，高于常人，其他两项智能与常人相比较低。

2. 在一般情况下，智能 A1 的发展可能对应的智力与能力发展水平是 A2，但是由于其他两项智能是弱项智能或者较弱项智能，这三种智能组合起来，表现出来的智力和能力 B2 比只有强项智能 A1 原有的能力 A2 要低。

3. 即使不同个体之间，同一强项智能，由于其他智能发展的不平衡性，该项智能所对应的智力、能力是有高低之分的。虽然强项智能差不多，但是由于调动的其他几项智能较低，所表现出来的能力也较低。

4. 如果某个人在某一方面能力较弱，必定在这一方面有一项或者几项智能是弱项智能。

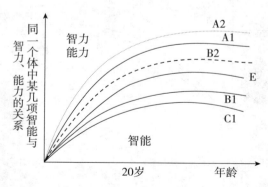

图 3-8　同一个体中，某几项智能与智力、能力的关系情况之二

案例分析

有一个 1.50 米的男孩 A 与一个 1.75 米的男孩 B，同时学习二

十四式太极拳，都同时经过教练的 3 轮指导，男孩 A 已经能够掌握基本套路，并且能够独立表演完毕。而男孩 B 又学习了 5 轮后，才达到男孩 A 的程度。

通过这个案例分析一下：两个人的学习能力不一样，虽然男孩 B 有更强的身体—运动智能，但是与男孩 A 在学习二十四式太极拳的问题上，能力较低。为什么呢？男孩 A 虽然身体—运动智能低于男孩 B，但是其语言智能、数理—逻辑智能、内省智能等几项高于男孩 B，其能力所调动的身体—运动智能、语言智能、数理—逻辑智能、内省智能的组合就高，学习能力较强。也就是说，在学习二十四式太极拳时，学习者不仅仅调用身体—运动智能，还需要语言智能、内省智能和数理—逻辑等智能的帮助，才能完成学习这一实践活动。因此，虽然男孩 B 的身体—运动智能高于男孩 A，但是语言智能、数理—逻辑智能、内省智能等几项智能低于男孩 A，其组合后所表现出来的能力较低。即男孩 B 学习太极拳的能力不及男孩 A，由此可以推断男孩 B 的数理—逻辑智能或者语言智能或者内省智能比男孩 A 低。

（四）由于智能发展的不平衡性，在不同的时段，智能强弱有变化，智力和能力也会随之发生变化

某个人的某一项智能强 A1，智力和能力也很强 A2，但随着另外一项智能 B1 的不断发展或者恢复，逐步超越该项智能 A1，或者恢复到原来的智能水平，成为相对强项智能（智能的不平衡——智能的轮替），其智力与能力 B2 超过原来的 A2。

案例分析

有一个正常的人，某一天因车祸导致眼睛失明，过了一段时间，他的家人发现他的听力越来越好，比以前更加灵敏。后来，经过治疗，这个人的眼睛复明，又过了一段时间，他的家人发现他的视力越来越好，但听力越来越差，比以前下降很多。

通过这个案例分析一下：耳聪眼瞎的人，听觉系统智能是强项，能力也很强，视觉系统智能是弱项，能力也弱，基本为零。但是，随着眼睛的治愈，视觉系统智能逐步恢复或发达，随着外界刺激和个人的不断努力，视觉能力越来越强。而听觉系统相对逐步下降的原因，并非他的听觉智能下降，而是由于开发了视觉系统，后期对听觉系统没有加强刺激和锻炼，使其能力相对逐渐下降而已。

五、智能的不平衡与智力、能力的不平衡发展

智能的不平衡发展包括智能本身的不平衡发展、智力的不平衡发展以及能力的不平衡发展。

（一）同一个体智能基础以及发展程度是不平衡的，智力和能力也是不平衡的

个体智能基础最大的特点是规定性，就此方面而言，每个个体出生后就已经具有属于自己的智能结构，为以后个体的智力与能力发展确定了一定的倾向性。这种智能结构是由多项智能构成的。但是这些构成个体智能结构的各项智能的发展程度与速度都是不平衡的。如图3-9所示：

例如，（1）某个体小李的智能结构由 ABCDEFGHI 这九项智能组成，在儿童阶段，这几项智能中 CD 的智能发展程度高，且占整个智能结构的比重较高，也就是我们通常所说的优势智能或强项智能，它们的发展程度要高。其他智能的发展速度都有些差异，智能 ABFG 相对来说就发展一般，智能 EHI 可能是最慢的。这九项智能便构成了小李儿童阶段的智能结构，显然，这些智能的发展是不平衡的。

（2）某个体小李的智能结构由 ABCDEFGHI 这九项智能组成，在成年阶段，这几项智能中 DG 的智能发展程度高，且占整个智能结构的比重较高，也就是我们通常所说的优势智能或强项智能，它们的发展程度要高。其他智

能的发展速度都有些差异，智能 ABCH 相对来说就发展一般，智能 EFI 可能是最慢的。这九项智能便构成了小李成年阶段的智能结构，显然，这些智能的发展是不平衡的。

由于智能的发展是不平衡的，针对不同问题，同一个体调用的智能是不平衡的，调用的智能项数也是不一样的，有时三项，有时五项。因此，作为以智能发展为基础的智力和能力发展也是不平衡的。智能基础是不平衡的，上层建筑智力和能力也是不平衡的。

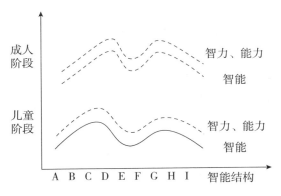

图 3-9　同一个体中，不同阶段智能与智力、能力的变化情况

（二）不同个体之间，由于各项智能组合、排列多样性，其不同个体之间智力和能力千差万别

根据加德纳的多元智能理论，每个个体都有九项智能基础，然而，一方面，不同个体的各项智能的强弱比例是不同的，所以各自擅长的领域也是不同的。另一方面，即使两人的强项智能比例相差无几，不同的个体在智力与能力活动中能调动起来的组合也是不同的。

例如，（1）ABCDEFGHI 这九项智能中，小明的智能 A 很强，在整个智能结构中占据首位，其他智能也比较不错。小强的智能 B 所占的比例较高，其他智能也比较不错，但没有明显的强项智能。那么小明与小强的擅长领域可能就会存在差别，一个可能数学方面比较优秀，一个可能语言方面特别突出。所以，两个人之间的强弱项智能不一样，调用的智能组合也不一样，其智力和能力也是不一样的。

（2）即使两个个体具有同样的优势智能构成成分，其智能的优势强弱、发展与成熟程度也相差无几。即使有相同优势的智能结构，但在智力调动与能力展现方面还是不平衡的。例如，小明与小强的优势智能构成成分是一样的，都有 AB 两项优势智能，两者智能的综合发展速度也是相似的，解决某一方面的问题时，小明的智力和能力发展结果可能是调动起 ABDF 这几项智能，而小强智力和能力发展调动的结果则是 ABCFG 这几项智能，这样看来，即使优势智能发展已经较为相似了，但其后调用的其他智能的组合、排列是不一样的，那么，两人的智力活动和能力实践也是不同的。

（三）个体智能不平衡发展的阶段性特点

所谓个体智能不平衡发展的阶段性特点，是指：

（1）在同年龄阶段，不同个体之间，有些儿童的智能发展较快，有些儿童的智能发展较慢。那么表现出来的就是在学习方面智力与能力发展的差异。但是无论快慢都是阶段性的，并不是就此决定孩子一生的发展，对此，家长和老师要理智对待，对那些智能发展较慢的儿童千万不要"拔苗助长"。

（2）在同年龄阶段，同一个体的不同智能发展速度与程度也是不同的，有些智能发展较快，有些智能发展较慢；有些智能很强，有些智能则很弱。这便需要我们广大家长在家庭教育中做到"长善救失"，我们的老师也要"因材施教"。

（3）每个个体都有其自身智能发展的关键期、高峰期、潜伏期与停滞期。一是不同个体在不同时期要不同对待，是我们为孩子将来成功发展遵循的"不二法则"。在儿童智能发展的关键期给予其适当教育与引导，"不紧不慢"；在儿童智能发展的高峰期理性对待，"不骄"；在儿童智能发展的潜伏期激发与培养，"不急"；在儿童智能发展的停滞期乐观，"不燥"。二是我们不能对孩子进行盲目比较。例如，将处于智能发展高峰期的儿童与处于智能发展潜伏期的儿童加以比较，这样只会让孩子失去信心，家长自己也会陷入焦虑情绪。

六、智力与能力的关系

（一）智力与能力发展的不平衡

1. 智力的不平衡是指：在已有的智能基础上，面对各种不同情境能将各种智能调动起来的程度是不同的，运用的知识和经验不同，所以造成智力活动的不平衡。

也就是说，即使同一个人，针对不同的问题，所产生的智力是不一样的，因为针对不一样的问题，个人调用的智能不一样，所运用的知识与经验也不一样，其智力也是不一样的。

不同的人，即使针对同一个问题，所产生的智力也是不一样的。因为首先他们所调动的智能是不一样的，其中一个人调用自身三项智能，另外一个人可能调用自身其他五项智能；其次，个体之间的智能是发展不平衡的；第三，不同人的文化背景、所学知识与经验也是不一样的，所以说，个体之间智力发展不平衡，即使个体在不同时段、针对不同问题时的智力也是不一样的。

例如，（1）小明与小强的智能结构总体相似，但是这两个人面对同一问题所调动的智能类型是不同的，小明调动的是 ABCDG，小强调动的则是 ACDEF。所以解决该问题时两人的智力表现是不一样的。

（2）即使调动的智能类型相同，所调动的同一项智能的程度也是不同的，都是调用 ABCD 四项智能，但是小明的 ABCD 项智能中 BC 是强项，AD 与正常人差不多，而小强 ABCD 项智能中 AC 是强项，BD 比正常人较低。由于这四项智能的发展不平衡，所以两个人的智力是不一样的。

（3）即使调动的智能类型相同，成熟水平也差不多，两个人的文化背景、所学知识与经验也不一定一样，所以两人的智力也是不一样的。

有些个体即使具有某项智能，面对实际情境时，不一定能够调动起来。

例如，我们在面临一项考试时，之前准备的一些知识也可能由于某些原因提取不出来。由此可见，我们的智力发展自然也不平衡了。

所以，全世界都很难找到两个智力完全一样的人，因为智能的组合、强弱千差万别，每个人的文化背景、知识、经验也都不一样，所以智力完全一样的人很难找。

2. 能力的不平衡是指：在已有的智力活动的基础上，将这种心理活动付诸实践、行动之后能否成功，这便是个体间能力的不平衡发展。

影响能力不平衡发展的因素很多，包括智能的基础作用及其后期的不平衡发展、知识、经验以及环境改变等因素。总之，能力的不平衡发展是各种因素综合作用的结果。在日常生活中，我们凭借一些外在的东西来判定一个人"聪明与否""成功与否"，其实是对这个人能力的评定。

（二）智力水平高，能力不一定强；能力强，智力水平一定高

智力是心理活动，是调用几项智能，并运用所学知识与经验的心理活动；能力是运用智力的实践活动，调用智力的时候，还有智能的不平衡发展、知识、经验以及环境的改变等因素。由于不同的人所处的文化环境与所学知识及经验不一样，在能力表现上，就有高低之分，所以智力水平高，能力不一定强。

能力强，智力水平一定高。因为能力很强，一定是调用的智能较强，运用的智力较强，否则没有智能与智力的支持，就没有能力的表现。

另外，还要强调的是，即使智力活动所能调动的智能是相同的，但是其在能力展现方面差异也是存在的，因为智力调动的智能存在不平衡性，运用的知识与经验也有差距，所以在某一领域智力方面"同样聪明"的人，就会出现有些人成功，有些人失败或是碌碌无为的现象。

这就是智力与能力的关系。

小　结

　　了解了智能、智力以及能力的定义与特点，希望人们更加理性地看待三者。例如，根据智能的规定性，我们便要注重遗传、优生；根据智力与能力的可塑性与灵活性，就要注重优育。既然智能与智力以及能力发展的常态是其不平衡性，那么我们对于人类的发展状况就要持发展的态度；既然智力与能力的发展并不是某一强项智能就可以决定的，那么我国全面发展教育的目的可谓是抓住了关键。个体发展的潜力是在有限性的基础上的无限发展，切不可拔苗助长，也不可妄自菲薄。

第四章

"多元智能"与"因材施教"

孔子的"因材施教"与加德纳的"多元智能理论"有什么关系？因材施教的"材"如何发掘、认识？这一章笔者就两者之间的关系与实践应用做具体介绍。

随着社会的发展和国际交流的频繁，各种新的教育理论和教育观念出现人们对我国的传统教育理论又有了新的看法。随着新理论的不断成熟和比较研究的深入，新的教学观念和教学方法不断展现勃勃生机，这不仅给教师，而且给学生也带来鲜活的食粮。本章就加德纳的"多元智能理论"与孔子的"因材施教"进行比较，浅谈两者之间的区别，并提出几点建议。

一、多元智能理论与因材施教在教学实践中的应用

（一）多元智能理论的教学实践分析

根据加德纳的多元智能理论，每个人都有九项智能，都有强项智能和弱项智能之分。我们坚信现实生活中没有笨的人，只有在具体某一方面谁比谁差，我们不能因为学生某一方面的能力低就去否定该学生其他方面的能力，不能因为一个学生语文成绩考得差，就给他贴上笨学生的标签，语文成绩差只能说这个学生的语言智能较弱一些，但这并不代表该学生的数理—逻辑智能就弱，也不代表该学生的身体—运动智能较弱，该学生可能是班级内的运动健将。因此，学校有必要改变传统的教学评价方式，以学生的全面发展作

为教学评价的标准；学校也应当遵循"人类所有的智能活动都是在各自的文化背景中展现的"这一规律，创设一个宽松、公平、多元文化的环境，让来自不同环境的学生都能找到自己认同的文化和适合自己的发展条件，获得展现自己智能的机会。在重视社会主流文化所强调的语言智能和数理—逻辑智能的同时，也要尊重学生其他的智能。同时，也应更好地观察、理解学生的言语与行为，从学生的言语与行为中看到其背后隐藏的智能及其文化印迹，不能因为学生言语与行为的表现不代表主流文化就去否定其智能的价值。而且，智能是多方面的，每种智能的表现形式各不相同，我们判断一个人聪明与否的标准当然也应该是多种多样的。

多元智能理论在当前美国教育改革的理论和实践中产生了广泛的积极影响，并且已经成为许多西方国家二十多年来教育改革的重要指导思想，多元智能理论作为一种新生的理论对教育的改革有莫大的影响。在我国深化教育改革、全面推进素质教育的新形势下，探讨加德纳的多元智能理论及其对我国基础教育改革的积极意义是非常必要的。因为不同学生的能力有差异，学生解决问题的方式也有所差别，这就要求在课堂教学中，教师应该以"学生"为中心，以"问题"为导向，培养学生乐于探究的积极态度，形成发现问题、分析问题、解决问题的能力；洞察学生的不同强项智能，对班级学生的不同学习风格分类，从学生最喜欢、最擅长的学习方式入手，多种教学方法交叉进行，设计丰富多彩的学习活动，采取多元化的评价体系，让学生乐于学习知识与技能，善于发展自己的强项智能，勤于发展自己的其他智能，使学生得到全面发展。学生本身也应分析自己所擅长的学习风格，并将其充分发挥。

(二) 因材施教的教学实践应用

"因材施教"是我国教育思想的精华，朱熹概括的"夫子教人，各因其材"，也就是所谓的"因材施教"，是孔子在长期的教学实践中创造的教学方法。

不同的历史时期，不同的教育家，从不同的视角理解"因材施教"，其核心是按"才能"不同，对"人"进行分类。孟子说："君子之所以教者五：有如时雨化之者；有成德者；有达财者；有答问者；有私淑艾者，此五者，君子之所以教也。"他将教育对象分为五种不同的类型，指出对不同类型的人应采取不同的教学法。唐代韩愈对"因材施教"给出了形象的描述。他说："夫大木为�，细木为桷，欂栌、侏儒，椳、闑、扂、楔，各得其宜，施以成室者，匠氏之工也。"意思是，人的才能大小各有不同，就像树木的质地不同一样。有的能成为承担屋室的栋梁，有的只能成为户枢。如果教师能像匠人一样因其材而教之、用之，就能造就出各式各样的人才。

笔者认为，孔子的"因材施教"是通过全方面来观察学生的日常学习生活，从而区分学生不同的才能。不仅包括学生的正面，也包括学生的反面；既听其言，又观其行。通过仔细考察某人的学习生活细节，揣摩某人的心理，区分某人的才能，再辅以相应的教学方法，使其成为国家的栋梁之才。孔子热爱学生、关心了解学生心理的个别差异。在他看来，学生心理的个别差异表现在以下五个方面：智能、性格、理想与志趣、学习态度以及专业特长等。孔子说："性相近，习相远也。……唯上智与下愚不移。"在他看来，人的智能分成三大等级："上智""中人""下愚"，但智能不移的说法显然武断了。孔子说："柴也愚，参也鲁，师也辟，由也喭。"意思是说，学生的性格也存在差异，高柴愚笨，曾参迟钝，子张偏激，子路卤莽。孔子对学生的性格、智能与特长均了如指掌，所以他对不同的学生能有恰如其分的教学要求，对不同学生提出的同一个问题也常有迥异的解答。

图4-1　孔子教学

孔子的"因材施教"侧重于因"材"的不同而进行不同的"教育"，重点在"施"，根据学生自身的优点、长处，施与不同的教育和学习方法，使其成为栋梁之才。先贤圣人都已注重"因材施教"，今天我们的老师、家长是否具有识别"材"的眼光，值得我们深思，而多元智能理论给我们指出了一条认识"材"的道路。

因材施教在我国古代得到了很好的运用，这与我国古代的教学组织形式关系密切。古代的教学组织形式是个别教学，这为因材施教提供了得以运行的环境。近代以来要求普及教育，扩大教育教学规模，提高教学质量和效率，班级授课制诞生。这种教学环境下，因材施教就很难得到运用。随着经济的发展，最先意识到重新运用因材施教的西方国家在如何正确、高效地运用因材施教方面有诸多的创举。比如：1. 按学生能力（智力）不同编班，并视学生的能力发展与成绩变化及时调整班级；2. 为超常儿童与弱智儿童设置特别班，并针对特点加以个别培养；3. 成绩优异儿童提前入学、跳级、提早升大学等；4. 对学有余力的学生进行快于本班学习进度的教学，或者将目前所学的内容加深；5. 将传统的长方形课堂模式改为圆形、马蹄形、"W"字形以及开放式编排。学生课桌可根据需要移动，教室分成若干区，如阅读区、实验区、个别学习区，学生通过选择从事学习。

当今社会快速发展，国际竞争日益激烈的大环境，对学生的全面发展提出了更高的要求，不仅包括发展学生的长处，还包括弥补学生的不足。如何将发展优点长处与弥补缺点不足统一起来，也是我们面临的一大课题。"因材施教"的含义更应该广泛化，不仅仅是对学生的优点长处，还包括学生的缺点不足都应该做到有的放矢。应该是在共同的教学目标下，针对学生的性格、智能、特长原有基础等具体差异，提出不同的教学要求，有的放矢地进行有差别的教学，使每个学生都能扬长避短，获得最佳发展。"因材施教"是教育过程中必须遵循的基本法则，而不是一般的可供随意选择运用的教育技巧或方法。它对教育行为的影响和作用，是根本性的、普遍性的。教有规律，教无定法，教师针对不同学生的特点采用不同的教法，使每个学生的个性都能充分自由全面的发展，才是教师教学风格的最高境界。

二、多元智能与因材施教的关系

笔者通过多方面研究多元智能理论与因材施教，并将二者联系起来，探讨它们之间的关系，希望通过了解多元智能与因材施教的联系与区别，能够为以后的教学提供帮助。

（一）多元智能与因材施教的联系

1. 多元智能理论是因材施教的理论基础

因材施教虽然在我国春秋战国时期就已被提出，但只是教学实践者对多年教学实践的总结，并没有理论基础的支撑。随着对教育研究的不断深入，许多学者都在试图为因材施教寻找理论基础，但所得到的理论基础都缺乏可靠性、说服力也不强。直到加德纳提出多元智能理论，因材施教才有了一个可靠的理论基础，多元智能理论使人们更深层次地理解了因材施教是怎么回事，所谓的"材"是什么，为什么要实施因材施教，也为教育实践者提出实施因材施教的措施提供了极大的帮助。

2. 多元智能发展的不平衡是因材施教的现实依据

我们每个人虽然都有九项智能，在我们的成熟过程中，九项智能也在不断地成熟。笔者通过多年实践研究发现，每项智能都有不同的初始水平，每项智能的发展都有独立的发展历程，是一个从弱到强的过程，各种智能的发展存在不平衡性。这种不平衡是在智能起始发展之时到智能达到"高峰值"中的不平衡，主要体现为：就个体来说，在这个过程中智能会有强弱之间的轮替，就不同个体来说，同一智能的发展也会出现不平衡。就智能而言，每项智能都是从最初起点向智能"高峰值"发展，在这个过程中，它们"走过的路径"不一样，达到"高峰值"的时间也会有早晚，甚至某项智能达不到"高峰值"，同一个体的各项智能达到"高峰值"的时间不一致，不同个体同一智能达到"高峰值"的时间也会不一致。多元智能发展不平衡体现在教学活动中就是学生之间在德智体美劳各方面会存在差距，而因材施教就是以学生的这种差距为起点，发扬学生的长处，弥补学生的不足，使学生得到全面发展，也为我国的教育公平尽一份力。

3. 因材施教是为了弥补多元智能发展不平衡造成的学生在能力方面的差距

因材施教在孔子提出之时是为了根据个体的特点进行有区别的教育，目的在于发挥个体的长处，使其成为国家有用之才。到了近代，尤其是人们更加注重个体生活质量的今天，我们对教育提出了更多的要求，由原来注重长处的发挥到现在注重人的全面发展。多元智能在成熟过程中体现出不平衡性，这种不平衡在现实生活中主要表现为个体之间在某些方面的差距，比如，有些人语言智能发展较早，在学校语文成绩较好，而有些人语言智能发展较晚，语文成绩不太理想；有些人的数理—逻辑智能较强，在学校数学成绩较好，而有些人数理—逻辑智能较弱，数学成绩很糟糕。这种差距在我们提倡的精英教育中还有它的合理之处，但是现在，尤其是新课改的背景下，这种差距是不允许的。教育不是在儿童的毫无差异的"一张白纸"上作画，学生也不是消极被动地去接受外部的影响，任何时刻教育影响的效果都要以他的"内部条件"——不同的"智能"为中介。只有根据学生不同的智能特点，采取与之相适合的教育方法，方能取得最佳成效。因材施教在弥补学生之间的这种差距上有不可替代的作用。

4. 多元智能与因材施教两者可谓异曲同工

因材施教与多元智能可谓异曲同工，因材施教与多元智能是"教"与"学"的两个方面，因材施教阐释教师如何教，多元智能阐释如何发现学生的强、弱项智能，也可把多元智能看做是因材施教的继承与创新。两者不是一个相互替代的关系，而是相辅相成的关系，各有其存在的价值。因此我们既要肯定"因材施教"在"多元智能"之外的作用，也要看到"多元智能"在"因材施教"基础之上的继承与发展。尤其教师应该做到创造一个宽松的课堂氛围，激活教学内容，洞察学生的学习风格，唤醒学生自我发展的内在动力，教学方法多样化，教学评价多元化，使学生乐于探索，勤于思考，放飞思维，发展智能。

（二）多元智能与因材施教的区别

1. 两种理论产生的社会背景不同

孔子提出因材施教有其客观的历史条件。一方面，春秋末期诸侯因争相招纳贤士为己所用，不拘一格选用各种人才，这就为学风下移、私学盛行以及因材施教培养各类人才奠定了社会基础；另一方面，为适应社会变革对人才的需要，孔子提倡"有教无类"的办学方针，因此他的学生成分复杂，年龄不一，出身不同，地区不限，文化水平、道德素养、性格特征也存在很大差异，学习目的各有千秋。在这种情况下，只有从个人的实际情况出发，根据每个人的个性特点和具体要求进行教学，才能达到预期的教育目标。因材施教也是与当时生产力水平相适应的个别教学组织形式。在那时，因受社会生产力总体水平的制约，教师在教学时只同个别学生发生联系，即使学生有几十个人甚至更多，但由于年龄、知识程度、学习内容存在差异等原因，教师对学生也只能采取个别对待方式，这就使得教师有机会了解每个学生的"材"，因此，成为因材施教的前提。

多元智能理论是在当今社会的知识经济和民主的社会制度下产生的，有现实的时代特性，代表时代的发展。传统的智力观认为，智力是以语言能力和数理—逻辑能力为核心、以整合的方式存在的一种能力。在这样的认识基础上，各种各样的智力测量表被编制出来，以测量一个人的聪明程度（以智商 IQ 为指标）。智商越高的人越聪明，智商越低的人就越笨。多年来，这种观念一直被人们普遍接受。但是现实生活中人们发现，智商不高的人未必就不"聪明"！也就是说，单纯以语言能力和数理—逻辑能力来判定一个人是否聪明的"智商说"并不科学。当今社会发展的一个重要趋势就是社会分工越来越细，行业和领域越来越多。每一行业和领域的知识、技能也越发专业。另一方面，科学发展使得学科知识既高度分化又高度综合，对人才的要求也就既要博，又要专，这样才能推动科学技术向更深层次发展。也即，社会发展和科技进步对人才的需求越来越趋向多样化。传统智商理论及其测试只反映人的某一方面的智能，使许多智商不是很高，但有其他方面特长的人才被埋没，也使教育成为只注重单一智力发展的培养单一类型人才的教育。传统的智力理论及其影响下形成的教育观和人才观已经不能满足社会发展的要求，与社会和时代的发展要求格格不入。新的时代呼唤新的智力理念，需要新的教育观和人才观。

2. 两者内涵不同

所谓因材施教，是指在教学过程中，教育者应该尊重和承认学生的个性差异，从学生的实际出发，使教学的深度、广度、进度适合学生的知识水平和接受能力，同时考虑学生的个性特点和个性差异，使每个人的才能品行都得到发展。随着时代的发展，我们结合时代的要求又赋予因材施教新的内涵。

（1）"因性而教"

古代女子是不能同男子一样受教育的，所以当时不存在"因性而教"的问题。但社会发展到今天，显然"因材施教"应涵盖"因性而教"。本来，男女在生理、心理上的确存在差异，女生在生理发育上较男生一般早熟一两年，在小学和初中低年级时，女生的语言能力和机械识记能力一般优于男生，再加上本身学习的内容中抽象思维的成分比较少，所以此时女生的学习成绩普遍高于男生，但随着年级的升高，学习内容机械识记成分减少，相应地抽象思维的要求越来越高，男生的优势开始显现。所以，教师应看到男女生各自的优势，因势利导，帮助他们分别保持和发展各自的优势，共同进步。

（2）"因龄而教"

根据皮亚杰的认知发展四阶段说，各年龄阶段各有其特征，因此对不同年龄阶段的儿童，教师要因年龄特征而教。

（3）因能力的个别差异而教

学生的能力有大有小，基本上呈常态分布：两头小，中间大；能力的充分发挥也有早有晚，有早熟也有大器晚成；能力的结构上也有差异，有的长于想象，有的长于记忆；等等。故我们应因学生能力的个别差异而教。

（4）"因材施教"与"因教而学""因材择学"相辅相成

在教学过程中，教师的讲授活动和学生的学习活动客观地存在着相互适应。师"因材施教"，生也应"因教而学"，择其善从之，不善而改之；还应允许学生"因材择学"，根据自己的能力、兴趣等特殊情况自由发展。三者结合，相辅相成，既重视教师的"教"，又重视学生的"学"，使之达到和谐统一，共同促进学生的全面发展。

3. 两种理论阐释的对象不同

因材施教重点放在"教"上。强调教师的作用，教师要认清学生的个别化差异，然后具体问题具体分析，根据学生的个性差异，采用不同的教学方法和教学要求，使学生得到有效的发展，成为国家的栋梁之材，为社会和国家培养有用人才。因材施教对教师提出很高的要求，不仅仅限于知识结构丰富、教学能力强，而且要有敏锐的洞察力和高超的识人能力，就像伯乐一样，观察每个学生的个性才能、擅长的学习方法，然后辅助以相应的教学方法，使其才能突出并得到全面发展。因此，教师自身的教学水平和识人能力决定其是否能进行因材施教。

多元智能理论重点放在学生的"学"上。也可以从两个主要方面阐释，一是以"学生为主"，从学生具有不同的强项智能和弱项智能出发，具体分析具体问题，优先发展学生的强项智能；二是因学生的强项智能不同，评价学生的方式也应多元化。就是通过了解学生的强项智能，教师提供不同的学习方法和评价方法，使学生得到更快的发展。对教师而言，在自己教授的班级中不能一味地用单一的、自己擅长的教学方法和评价方法进行授课，否则会影响部分学生强项智能的发挥，不能满足他们的学习要求，从而使他们得不到有效的发展。

总之，因材施教对教师提出了很高的要求，但在如何挖掘学生的个性才能方面略显不足。多元智能对学生的智能做了详细的分析和论述，但对教师如何根据不同智能教学方面略显不足。

4. 两种理论对我们的启示不同

我们从孔子运用"因材施教"的教学经验中，可以得到两点启发：第一，教育和教学要从学生的实际出发，要根据学生的特点做到有的放矢，因势利导，避免盲目性；深入了解和研究学生，掌握学生的特点，是实施因材施教、全面提高义务教育质量的先决条件。第二，既要坚持共同要求和统一标准，又要善于发现和培养学生的某些专长。统一要求是坚持社会主义办学方向的反映，是衡量学校教育质量的基本尺度；因材施教是提高教育质量、实现培养目标的基本手段。我们必须坚持在统一要求下进行因材施教，通过因材施教实现统一要求的方针。教育者必须理解和把握义务教育的培养目标，确保因材施教方向明确、措施得当。

多元智能理论使我们改变了对学生的认识观。学生之所以存在个性、能力等差异，是因为他们的智能有强项和弱项之分，而且即使同一种智能也有不同的表现，学生之间存在个性差异和不同的学习风格，我们既要知其然，又要知其所以然。我们要改变以往的学生观，用赏识和发现的目光去看待学生，改变以往用一把尺子衡量学生的标准，要重新认识到每个学生都是天才，只要我们正确地引导和挖掘他们，每个学生都能成才。多元智能的理论告诉我们，要充分认识到学生的强弱项智能，在教学中，教师备课、上课要更多地关注学生，发现学生的强弱项智能，从促进学生全面发展方面去考虑问题。我们要采用多种方式和手段将"多元智能"用于教学，实现为"多元智能而教"的目的，改进教学的形式和环节。在教学形式上重视小组合作学习和问题解决教学法，在教学环节上重视最后的反思环节，力争使课堂教学丰富多彩，课堂互动形式多样，使学生的主体地位更加明显。

三、基于因材施教与多元智能对教学的几点建议

（一）教学目标弹性化

教学目标是教学的出发点，也是教学的归宿，它对教学的实施具有诱发、导向、调控和激励的功能。教学目标的弹性反映在教学要求方面，就是对不同智能基础的学生应有不同的学习目标要求。例如，教材的正文和练习、习题中的基础题是要求全体学生都会的内容，而灵活运用和探索研究是为学有余力的学生设置的。围绕弹性化的教学目标，为不同智能基础的学生设置不同的学习目标，并据此来进行课堂教学。这样的做法有利于每个学生

都能获得成功的体验，因此有助于诱发学生积极的自我评价，并有利于促使学生自我激励心理的产生。弹性化的教学目标也有助于教师灵活把握课堂教学，调控教学进程，使每个学生得到应有的发展。①

（二）课堂教学层次化

课堂教学过程要适应学生的个体差异，围绕弹性化的教学目标分层次施教。我们可以从两个方面展开：一方面，对某一项智能较高的学生，要尽可能地增加学生的独立活动，课本让学生看，概念让学生想，思路让学生讲，疑难让学生议，规律让学生找，结论让学生得，错误让学生析。坚持学生自己能学懂的一定要让学生自己学、学生自己能思考回答的问题一定要让学生自己思考回答的原则，在教学过程中尽量体现学生获取知识的自主性，确保学生的主体地位。必须强化教师对学生独立活动的主导作用，做到整体把握，分层推进，把学生的学习活动始终置于教师的引导、指导之下，让全体学生充分参与。

另一方面，对某一项智能较弱，可能目前发展速度较慢，还没有赶上来的学生，教师要多根据行为主义的方法进行"强化"教学，对这样的学生，在某一方面给予正面的强化，打破遗忘规律，让学生学一点记住一点，不能黑瞎子捡玉米，捡一个丢一个，最后只剩一个。②

（三）作业布置多样化

课后布置作业的一个重要目的，就在于帮助学生巩固所学知识内容，提高他们应用所学知识解决问题的能力。在普通教学实践中，老师会根据中等学生的水平，给全体学生布置相同的作业。这样的作业对于成绩中等的学生来说，能够起到较好的促进作用，对于学习优秀的学生则显得过于简单，只

---

① 参考谈岳：《推进因材施教 面向全体学生——对如何提高初中数学整体教学水平的思考》，《成才之路》2007 年第 35 期。

② 参考谈岳：《推进因材施教 面向全体学生——对如何提高初中数学整体教学水平的思考》，《成才之路》2007 年第 35 期。

能是浪费时间，相反对于基础比较差的学生，则可能难以独立完成而只能抄袭，当然起不到应有的作用。因此，为更好地促进全体学生的发展，针对不同学生的实际情况，教师可多样化布置不同类型的课后作业。当然，根据学生不同的学习情况来多样化布置作业，确实需要教师付出更大的精力去选择题目和批改作业，但教学效果是十分明显的，的确能促进每个学生更好地发展。①

（四）树立多元评价标准，智能面前人人平等

每个儿童都有独特的智能倾向，只要以他的智能为标准去评价他，我们就会发现，每个儿童都是美丽的，都是可以培养的。树立多元评价标准，需克服以偏概全的现象。在实际教学中只要平等地对待每一种智能，每个儿童都有可能受到尊重。

（五）创设多元活动场景，让每个儿童享受生活的乐趣

儿童教育以活动为主，让每个儿童感受到活动的愉悦，是尊重儿童的表现。我们应从多元智能理论出发创设符合儿童个性的多元的活动场景，使儿童在和谐、快乐的环境中度过每一天。教师应依据儿童的智能特征，构建符合其智能发展的学习活动，使儿童从小就享受到学习带来的快乐，体验生命的魅力。②

（六）采用多元教学方法，发挥每个儿童的智能

多元教学法使尊重儿童个性、体现多元智能得以实现。由于每个儿童的智能潜力是不同的，而且是不断丰富发展的，所以教师应区别对待，不仅对全班学生而且对每一个学生都应采用多元的教学方法。

---

① 参考谈岳：《推进因材施教 面向全体学生——对如何提高初中数学整体教学水平的思考》，《成才之路》2007 年第 35 期。

② 参考谈岳：《推进因材施教 面向全体学生——对如何提高初中数学整体教学水平的思考》，《成才之路》2007 年第 35 期。

小 结

对一个人来说，有的智能是强项，有的智能是弱项，强项智能就是因材施教的"材"。由于多元智能发展存在不平衡性，尤其在智能成熟之前的儿童阶段，有的智能发展早，有的发展晚，因此，在学校教育、家庭教育中要有的放矢，进行针对性的教育。不仅认识到每个儿童都有优点，聪明也是某一方面的聪明，还要做到对儿童智能的发展有清楚的认识，发挥儿童的优势智能，更应该弥补弱势智能，但是不要拔苗助长。同时要进行多元化的评价，掌握多种评价方式，在进行表扬或惩罚的措施时，要掌握一个"度"，让儿童快乐的成长。

第二部分

对行为主义与认知主义学习理论的新认识

虽然行为主义和认知主义学习理论之间存在着尖锐的矛盾，然而笔者通过对加德纳教授的多元智能理论的研究，以及第一部分中对"儿童多元智能发展不平衡"的研究，在思考儿童是如何学习的过程中，逐渐发现行为主义和认知主义学习理论之间另外一层逻辑关系：最初儿童学习时，主要是行为主义学习理论在起作用，随着儿童的逐渐成长以及知识量的逐渐增多，儿童慢慢有了自己的兴趣，有了选择性学习的意识，此时认知主义学习理论开始起主导作用。本部分主要阐述二者之间的内在关系。

第五章

行为主义学习理论

在同等或差不多智能的条件下，后天的环境和努力对儿童的成功起着决定作用，儿童是如何学习的？教师又如何进行有效的教育？这一章笔者将阐述其中的一种理论——行为主义学习理论的核心观点。

行为主义（Behaviorism）是20世纪初起源于美国的心理学流派，主张心理学应该研究可以被观察和直接测量的行为，反对研究没有科学根据的意识。行为主义的代表人物有华生、巴甫洛夫、桑代克、斯金纳等，对行为主义研究都做出了贡献。行为主义者认为，学习是刺激与反应之间的联结，他们的基本假设是：行为是学习者对环境刺激所做出的反应。他们把环境看成是刺激，把伴随的有机体行为看做是反应，认为所有行为都是习得的。

行为主义学习理论应用在学校教育实践上，就是要求教师掌握塑造和矫正儿童行为的方法，为儿童创设一种环境，尽可能在最大程度上强化儿童的合适行为，消除不合适行为。行为主义学习理论对学习的解释强调可观察的行为，认为行为的多次愉快或痛苦的后果改变了个体的行为或者个体模仿他人的行为。现如今，尽管行为主义存在一些缺陷，但它的一些理论与方法也被广泛应用于教育教学中。笔者认为，行为主义所具有的作用、所具有的意义远不止这些，特别是在儿童接受家庭教育的早期，应以"行为主义"学习法为主。

一、早期行为主义学习理论

（一）巴甫洛夫经典性条件作用理论

诺贝尔奖金获得者、俄国生理学家伊凡·巴甫洛夫是最早提出经典性条件作用的人。他在研究消化现象时，观察了狗的唾液分泌，即对事物的一种反应特征。他的实验方法是，把食物显示给狗并测量其唾液分泌。在这个过程中，他发现如果随同食物反复给一个中性刺激，如铃响，这个狗就会逐渐"学会"在只有铃响而没有食物的情况下分泌唾液。一个本是中性的刺激与一个原来就能引起某种反应的刺激相结合，结果动物学会了对那个中性刺激做出反应。这就是经典性条件作用的基本内容。此类研究后来被应用于人类的学习方面，也解释了一些我们在学习中所遇到的常见问题。例如，儿童在考试中会有考试焦虑，但考试焦虑是如何产生与形成的，我们似乎可以用经典性条件作用来解释。

阶段一：无条件刺激：老师或家长的批评；无条件反应：儿童感到害怕。

阶段二：中性刺激：考试，面对考试这一中性刺激，儿童并不会产生焦虑感。

阶段三：中性刺激与无条件刺激结合，即儿童在考试后如果考不好就往往会受到老师或家长的批评，受到批评会使儿童感到害怕、羞涩等。

阶段四：中性刺激转化成条件刺激，儿童一遇到考试就会感到害怕，由这种对考试的畏惧导致儿童在考试中焦虑的心理状态。就是这样，儿童便会开始害怕、开始讨厌考试。更甚者，好多儿童开始讨厌学校，开始有厌学情绪的产生，这也是我们所熟知的条件作用的泛化。所谓条件作用的泛化是指，经典条件作用形成后，机体对条件刺激相似的刺激或与原先刺激有相关关系的刺激也会做出反应。在儿童发展的早期，这种泛化现象非常明显，笔者认为早教就可以利用儿童的这一特点来促进儿童的发展，当然我们也要注意条件作用的副作用。①

（二）华生的行为主义

华生是美国第一个将巴氏的研究结果作为学习理论基础的研究者。他认为，学习就是一种刺激替代另一种刺激建立条件作用的过程。在华生看来，人类出生时只有几个反射和情绪反应，所有其他行为都是通过条件作用建立新的刺激—反应联结而形成的。

华生否认遗传的作用，正如他的一句"名言"所表达的："给我一打健全的婴儿，把他们带到我独特的世界中，我可以保证，在其中随机选出一个，训练成为我所选定的任何类型的人物——医生、律师、艺术家、巨商人或者乞丐、窃贼，不用考虑他的天赋，祖先的职业与种族"②。当然就目前我们所掌握的实践与理论知识，华生完全否定遗传的作用是不正确的，太过片面，太激进。在华生的观点里，首先，行为发生的公式是刺激—反应，由于刺激是客观存在的，不决定于遗传，而行为反应又是由刺激引起的，因此行为不可能决定于遗传。其次，华生虽承认机体在构造上的差异来自遗传，但他认为，构造上的遗传并不能导致机能上的遗传。个体遗传的构造，其未来的形式如何，要决定于其所处的环境。第三，华生的心理学以控制行为作为研究的目的，而遗传是不能控制的，所以遗传的作用越小，控制行为的可能性越大。华生片面夸大环境和教育的作用，是环境决定论的代表。

相关的一些教学上的案例：许多儿童可能不喜欢外语，因为他们将外语与要求在课堂上大声翻译句子这样不愉快的经验联系了起来。在课堂上被提问难题，引起了焦虑，儿童形成了对外语恐惧的条件反射，可能泛化他们对其他课程或学校机构的恐惧，在其他学校经验中发生类似的学习过程。③

---

① 参考彭聃龄：《行为主义的兴起、演变和没落》，《北京师范大学学报》1984 年第 1 期。
② 转引自逯平平：《行为主义的创始人——华生》，《大众心理学》2011 年第 11 期。
③ 参考彭聃龄：《行为主义的兴起、演变和没落》，《北京师范大学学报》1984 年第 1 期。

图 5-1　儿童在认真学习知识

（三）桑代克的联结—试误说

1. 理论提出

桑代克由于受到德国生理学家 W. 冯特和美国生物学家 T. H. 摩尔根著作的影响，从 1896 年开始从事动物心理的实验研究。1898 年，他写了名为《动物的智慧：对动物联想过程的实验研究》的博士论文并获得通过。该文阐述了他关于学习问题的见解和理论。

2. 桑代克的学习观

学习的过程：试误说，桑代克认为学习是通过尝试与错误的过程而建立的。学习的实质：学习的联结，桑代克认为学习的实质在于形成情境与反应之间的联结，情境与反应之间具有因果关系，情境是引起反应的原因，而反应则是由情境引起的结果。[①]

3. 桑代克的学习律

（1）主律

准备律：只有当有机体准备接受某种事物的时候，这种事物才能够成为令人满意的事物。

效果律：情境与某反应间联结因伴随着满意的结果而增强，因伴随着烦恼的结果而减弱。

练习律：指一个联结的应用会增强这个联结的力量，不经常使用其力量

---

① 参考黄正夫：《教育心理学》，北京师范大学出版集团 2011 年版，第 32 页。

会减弱。

（2）副律

多重反应律：某一反应不能导致令人满意的结果时，将进行另外的反应，直到有一种反应最终导致满意的结果为止。

心向或意向：学习者自身条件影响联结的形成。

选择反应律：对情境中的某些因素进行选择性反应。

类化反应律：在新情境中出现与最类似情境中的反应。

联结转移律：逐渐的变化情境中的刺激，直至使反应与新情境形成联结。①

依据准备率，教师可以在教学活动的开始阶段创设问题情境，设置悬念来引发儿童的好奇心和求知欲，或应用儿童感兴趣的内容和形式引入教学课程，并在教学过程中给予儿童充分恰当的肯定和鼓励。

依据效果率，可以指导我们在教育儿童的过程中使用一些奖励。

依据练习率，让儿童在学习新知识或新技能后反复练习和复习，以帮助儿童巩固学到的新知识和新技能。当然，反复的次数和时间也是需要注意的，过多或过长的反复练习可能会增加儿童的学习负担，打消儿童学习的积极性。在练习中，教师也要做到明确学习结果，积极反馈和强化儿童的学习行为，因为不知道结果的练习不可能有助于学习，只有当学习者发现重复练习能获得满意效果时，练习才会有助于学习，没有强化的练习是没有意义的。

二、行为主义学习理论的发展

（一）斯金纳的操作性条件作用理论

1. 操作性条件作用学说

斯金纳系统发展了操作性条件作用理论，他将个体行为分为应答性行为

---

① 参考睢瑞丹：《桑代克学习理论及启示》，《内江科技》2012 年第 11 期。

和操作性行为，相应地，他把条件作用也分为两类：经典性条件作用和操作性条件作用。经典性条件作用是刺激—反应联结，反应是由刺激引起的；而操作性条件作用是刺激—强化的过程，重要的是跟随操作后的强化。

2. 强化理论

强化理论是斯金纳理论的重要组成部分和基础，他认为，行为之所以发生变化就是因为强化作用，但是这里的使用强化不能简单地定义为奖励。强化是一个中性术语，即能增强反应率的效果。

凡是能增强反应概率的刺激和事件都叫做强化物，分为积极强化和消极强化，它们都导致反应概率的增加，导致反应概率降低的才是惩罚。强化还分为一级强化和二级强化，一级强化是满足人和动物的基本生理需要，二级强化是任何一个中性刺激如果与一级强化反复联合，它就能获得自身的强化性质。在强化时，我们可以使用普雷马克原理：用高频的活动作为低频活动的强化物，或者说用儿童喜爱的活动去强化儿童对不喜爱的活动的参与。但是，在实际教育中，人们对各种不同的强化做出反应。一个强化事件本身并不有效。因此，父母在家庭教育中，要针对自己的孩子提供有用的强化物系列，如果自己的孩子对汽车感兴趣，那就用汽车模型作为塑造孩子优秀行为的强化物。但是，这并不是一成不变的，随着儿童年龄的增长，父母要对强化物做出改变。[①]

案例分析

有个叫李强的男生，父亲是公务员，母亲是公司职员，他的家庭结构、背景都没问题。可是李强一进入学校后，考试经常作弊。这样的儿童该怎样教育呢？

对此做如下分析：首先，儿童作弊，我们应该给予处分惩罚，马卡连

---

① 参考郭志宏：《经典性条件反射与操作性条件反射的比较》，《内蒙古科技与经济》2015 年第 2 期。

柯认为："合理的惩罚制度不仅是合法的，也是必要的。合理的惩罚有助于儿童形成坚强的性格，能培养儿童抵抗、战胜诱惑的能力。"① 惩罚可以起到使人吃一堑长一智的作用，起到警戒的作用。一方面告诫自己这种行为不可取，另一方面也起到"杀鸡儆猴"的作用。对出现了违规行为的"鸡"加以惩罚，意欲违规的"猴"会从中深刻地意识到组织规定的存在，从而加强对自己行为的约束。其次，如果过了一段时间后，发现李强表现良好，就及时取消处分，这就是负强化，去所恶。要取得最好的激励效果，就应该在行为发生以后尽快采取适当的强化方法。如果对这种行为不予注意，这种行为重复发生的可能性就会减小以至消失。所以，必须利用及时反馈作为一种强化手段。再者，了解他的兴趣爱好，如果他一直想做班干部，而且他能继续保持积极认真的学习态度，教师可以给他一个班干部做做。这是采用正强化，施所欲的方式，使其良好行为得到永久保持。如果有一天他又不认真，老毛病又犯了，那么我们就撤掉他的班干部职位，这是去所欲的惩罚方法。

图5-2 儿童通过学习到的知识告知其爷爷如何过马路

（二）班杜拉的社会学习理论

自20世纪40年代以来，行为主义心理学家们对儿童如何获得社会行为

---

① 转引自郭爱芳：《〈放牛班的春天〉中的惩罚教育》，《教育文汇》2009年第11期。

很感兴趣。这些行为包括合作、竞争、攻击和其他社会反应。社会反应主要通过观察和模仿别人的行为而学得。强化理论已经不能令人满意的解释所有模仿形式。此时，班杜拉提出了社会学习理论。人们仅仅通过观察别人（榜样）的行为就能学会某种行为，又称为替代学习、模仿学习。

班杜拉将学习分为参与性学习和替代性学习：

参与性学习，就是通过实做并体验行动后果而进行的学习，即学中做。这种学习可以为学习者提供信息和激励，是在建立预期影响动机并塑造信念，因此，行为后果告知学习者行动是否准确合适，但却是学习者的认知影响了学习。

替代性学习，即通过观察别人而进行的学习，这种学习可以提高学习的速度，还可以避免经历一些有负面影响的行为后果。

替代性强化，是指观察者因看到榜样的行为而受到的强化。当某明星使用某洗护用品后头发飘逸而备受欢迎的时候，你也感觉到她受到欢迎时的那种愉快感，这就是一种替代性强化。

自我强化依赖于社会传递的结果。例如，补习了一年语言的儿童为自己设立一个成绩标准，于是他将根据对他成绩的评价而对自己的行为进行自我奖赏和自我批评。①

三、行为主义对教育的贡献和不足

（一）行为主义对教育的贡献

现在，有许多人都认为行为主义是一种过时的、落后的理论，认为受行为主义理论指导的教学就一定是不好的。但是，根据以上分析我们认识到，即使现在，行为主义学习理论也并不完全过时。行为主义的方法在教学中有时是非常有效的，例如，记忆英语单词、做操等，只有反复练习，才能达到

① 参考冯文全、徐东：《论班杜拉社会学习道德教育思想》，《湖南师范大学社会科学学报》2006 年第 5 期。

最佳效果。

而且，行为主义学习理论对我们进行的计算机辅助教学和远程教育产生了重要的启示和影响，奠定了其理论基础。各种学习理论由于坚持正确的方法论的指导，获得了蓬勃发展；同时也由于其方法论局限性的束缚，都有不同的侧重点。

例如，桑代克的学习律告诉我们，在学校中老师强迫儿童机械地抄字上百遍，甚至更多，结果等儿童将辛辛苦苦抄完的作业交给老师后，老师看也不看或只数一下页码了事，而不向儿童指出好在哪里与坏在哪里，这样做，除了增加儿童的学习负担和让儿童产生厌学的情绪外，没有任何的积极意义。

（二）行为主义学习理论在教育过程中产生的弊端

虽然行为主义心理学家巴甫洛夫的狗、桑代克的猫和斯金纳的小白鼠，在这个理论的开创奠基和发展中都做出了突出的贡献，但是，这个行为主义的前提之一，就是不问差异，无论这个儿童的性格气质如何，无论他前一分钟是在哭还是在笑，老师、家长或者试验实施者都会执著地按照预先的要求，对儿童进行奖励和惩罚。惩罚措施的实施，短期内会取得预期效果，长期来讲，也许会影响儿童的心理健康。虽然行为主义名为心理学的流派，实际上只考虑行为及结果，不考虑心理和过程。尽管从最开始就存在着争议，这个理论还是在一代一代的儿童身上得以实施和验证着。

行为主义的威逼利诱模式本身究竟能教会儿童什么，换句话说，在这种潜意识的影响下儿童成年后会怎样？

1. 盲目、缺乏主动性

人都有追求快乐、逃避烦恼的原始动力，也就是 K. G. 齐夫说的"最小努力原则"，人们做事或学习总是利用最经济、最省力的方法。儿童也适合这个原则，他们的是非观念还没有形成，而这种是非观的形成要依靠父母和老师与之互动。老师给他表扬就证明他对了，所以他要想对，必须听老师的话，才能得到表扬。于是，老师或家长的话代替了真理，孩子们不会说

"我做因为那是对的"，只会说"因为老师（家长）让我这么做"，"我这么做老师就会表扬我，不这么做会被老师批评"。久而久之，在孩子们的潜意识中，就只有权威而没有真理了。外部的要求代替了心灵深处的声音。只要听话就好，他们放弃了自己的思考，盲目地顺从权威。最后，他们的内部动力被外部动力消磨殆尽，没有主动性，没有真正的积极探索。所以，那么多的人缺乏创造力，他们的发散思维早已被禁锢。无论在哪个领域，都是踩着别人的脚印走，明哲保身、不冒风险、不求有功、但求无过，说到底还是为了"表扬"。

2. 欲望强烈、贪婪

的确，人都有本质的需要，遵从各种内在需要无可厚非。但是，在惩罚或奖励的威逼利诱之下，浅浅的需要变成了深深的欲望。每做一件事，孩子的头脑中都会反应：我能得到什么？我做乖宝宝，为了得到表扬，所以，我做了乖宝宝，你必须表扬我！过于关注得到，必然得到了还想得到更多。久而久之，欲望就成了一个无底洞，怎么也填不满。所以，作为教师，一定要善用奖惩！奖赏要淡化外部控制作用，要切合实际，要建立明确的奖励方法，要适应儿童的年龄特征。惩罚应就事论事，切忌把惩罚当做泄愤手段，更重要的是切忌体罚儿童。

小 结

本章主要讲述了行为主义学习理论的基本观点：认为学习是刺激（S）与反应（R）的联结，学习过程是渐进式的尝试与错误的过程，形成固定的S－R联结，直到最后成功。行为主义特别强调"强化"的作用。许多行为主义者认为自由意志只是一种幻觉，并认为人类所有的行为都是由先天与后天环境决定，也就是先天基因加上后天环境所产生的结果，由人类所经历过的联想或者增强所造成。当然，既要看到行为主义在学习上的优点，也要看到其不足。

行为主义学习理论认为，学习是指个体经验的获得所引起的行为或行为潜能的相对持久的变化过程。经验的获得引起的行为变化的过程，即刺激反应的过程。强调了人的学习行为，但对于其中的内部运行机制却没有深入研究，研究内容过于狭窄，而且很多都是基于动物的研究，并直接将得出的结论运用在人身上，忽略二者的本质不同。即使班杜拉意识到了社会和认知对于学习的重要意义，但是学习并不仅仅只有这些因素的影响。行为主义学习理论都忽略了人的主观能动性，人可以主动积极地认识世界，学习掌握更多的知识文化技能，并不是像实验中的小动物一样只被动地接受信息刺激，产生行为。所以说，行为主义片面强调环境和教育的作用，忽视了学习者的主观能动性。当然，在后期的学习理论发展中，认知主义很好地弥补了这一缺陷，也为我们的教育教学开拓了新视野。

第六章

认知主义学习理论

相对于行为主义来说，认知主义学习理论非常关心人类的学习，重视人在记忆或学习新信息、新技能时不能观察到的心理过程，注重理论在教学过程设计和儿童学会学习方面的实际应用。很好地弥补了行为主义忽视学习者主观能动性的缺陷。

认知主义学习理论源自于格式塔学派的认知主义学习论，早期代表有格式塔和托尔曼，其后朝两个方向发展，一个是新结构主义，如皮亚杰、布鲁纳、奥苏伯尔以及建构主义；另一个是认知主义，如西蒙、安德森和加涅等，下面对此理论做一简要梳理介绍。

一、认知主义学习理论的前期发展

（一）格式塔学习理论

格式塔理论源于德国，自 1912 年由韦特海默提出后在德国得到迅速发展。格式塔学习理论是心理学中为数不多的理性主义理论之一。其主要代表人物有韦特海默、苛勒、考卡夫等人。

格式塔心理学家主要对知觉和问题解决的过程感兴趣。对他们来说，学习是次要的和派生的现象，是无需特别关心的。而学到的东西，只是知觉组织的结果，并取决于知觉的组织规律；所表现的行为依赖于心智在解决当前问题的过程中如何分析眼前情境的结构以及利用过去经验的痕迹。

与行为主义一样，格式塔学派（又称传统认知派）也以动物实验来证明他们对学习中产生变化的实质及其原因的理解。以动物为实验主体，也是其理论与研究的缺陷之一，但是总的来说，其积极意义是主要的，为我们教育领域带来了新的空气，也开辟了教育心理学的一个新领域。

在 1913 年至 1917 年间，苛勒用黑猩猩做了一系列试验，证明了黑猩猩的学习是一种顿悟，而不是桑代克所认为的尝试错误。他指出，面对一个问题情境时，认知活动中需要把感知到的信息组成有机的整体，在头脑中构造和组织一种格式塔，对事物、情境的各个部分及其相互关系形成整体的理解，分析制约问题解决的各种条件，从而发现通向目标的途径，继而实现顿悟。类似的一个故事：高斯十岁时，老师在算数课上出了一道难题：把 1 到 100 的整数写下来，然后把它们加起来！高斯的答案上只有一个数字：5050，老师吃了一惊，高斯解释了他的解题思路：$1 + 100 = 101$，$2 + 99 = 101$，$3 + 98 = 101$，……$49 + 52 = 101$，$50 + 51 = 101$，一共有 50 对和为 101 的数目，所以答案是 $50 \times 101 = 5050$。由此可见高斯找到了算术级数的对称性，然后就像求得一般算术级数和的过程一样，把数目一对对地凑在一起。在这个故事中高斯看到了问题的结构，即找到了算术级数的对称性，实现了顿悟，所以他很快找到了这个问题的解决办法。

与此同时，关于为什么会产生顿悟，他们提出了两点：第一，是由于分析当前问题情境的整体结构。第二，是由于心智能利用过去经验的痕迹，因为心智本身具有组织力的作用，能够填补缺口或缺陷。很明显，此时的格式塔学习理论已经超越了行为主义，不再是单纯的 S-R，刺激与反应的简单联结，而是考虑到了认知、意识以及先前经验的作用。

简而言之，格式塔学习理论强调学习者的知识经验的整体性和知觉经验的组织作用，关注知觉和认知的过程。①

---

① 参考黄正夫：《教育心理学》，北京师范大学出版集团 2011 年版，第 44 页。

（二）符号学习理论

继格式塔学习理论之后，在学习理论上有更大进步与突破的便是托尔曼了，可以说他是行为主义与认知主义之间的边结者，基于行为主义又超于行为主义。

虽然从严格意义上来说，托尔曼是一位行为主义者，但他又是一位新行为主义者，他受格式塔学派的影响较深，经常用诸如动机、思维、计划、推理、目的、意向等概念来描述行为。他的理论被称为目的行为主义、整体行为主义、符号—完形说或预期说。①

他提出了符号学习理论，并用白鼠学习方位迷宫图的实验证明了他的理论。

这种理论认为：第一，学习是有目的的行为而不是盲目的。第二，学习是对"符号—完形"的认知。白鼠在学习方位迷宫图时，并非学习一连串的刺激与反应，而是在头脑中形成一幅"认知地图"，即"目标—对象—手段"三者联系在一起的认知结构。第三，在外部刺激与行为反应之间存在一个中间变量，即我们所熟知的 S－O－R，其中，O 代表机体的内部变化（即意识）。

此外，托尔曼还提出了潜伏学习的观点，认为外在的强化并不是学习产生的必要因素，他通过潜伏学习的实验指出，动物在未获得强化前学习已出现，只不过未表现出来，即所谓的潜伏学习。有句话说，"我们所学到的远比我们所表现出来的多"，这句话原本是来形容内隐学习的，但放在此处，笔者认为也无不妥之处。这也恰恰给了我们一些启示与警醒，应试教育确实存在一些弊端，学生所学到的远远超过一张试卷所表现出来的。

同时，最近几年关于综合活动实践课的争议问题，就在于许多学校的急功近利把应付升学考试作为学校教育的第一目标，忽视了学生综合素质的发

---

① 参考黄正夫：《教育心理学》，北京师范大学出版集团 2011 年版，第 44 页。

展，取消了本应该有的各种实践课，认为在这些课堂上学生并不能学到什么实际知识，等于白白浪费时间。而一些家长亦是如此，在假期、课余时间都不忘给孩子请家教，"巩固"他们的知识。然而，这恰恰阻碍了儿童的发展。因为儿童不仅在身高、体重发展的速度上存在差异，在智能、能力与智力方面也有早有晚，"大器晚成"的例子不是少数。每个儿童都是不同的个体，苏霍姆林斯基曾说过"没有也不可能有抽象的儿童"。不是所有儿童在所有领域都能感兴趣、都愿意付出努力、都存在天赋。潜伏学习理论给予我们的启示是，学习无处不在，我们不知道会在何时何地产生学习，我们也不知道自己或是他人所掌握的知识与技能是在何时何地开始、形成与巩固的。所以说，我们不能片面地去否定任何一项学习活动，当然各种学习活动有主有次，也不能全盘接受，这也是前面所谈到的不平衡理论与因"材"施教的关系。因此，综合实践课有存在的必要性，即使当前的学习效果不是很明显，但从长远来看是有益于儿童发展的。加德纳的多元智能理论强调"以个人为中心的教育"，所以我们不能剥夺儿童发展"自身智力"的权利。

托尔曼认为，"认知"占有重要作用，行为受个体对某件事或某个问题的预期指导，行为是有目的的，是有个体意识参与的。这也是哲学上所说的人类意识活动的特点，人的活动存在目的性。这也如同蜜蜂筑巢与人类建设家园的区别。我们总是先制订计划、设定目标，然后将这些想法、设想付诸实践。

人的学习活动，在刚开始时可能有一些盲目的尝试，但在进行尝试之前，我们都是有目标有预期的。多次尝试中，有的预期被证实，有的未被证实。预期的证实是一种强化，这就是所谓的内在强化，即学习活动的本身所带来的强化。总结托尔曼的学习理论有两大特点：一切学习都是有目的的活动，为达到学习目的，必须对学习条件进行认知。①

---

① 参考黄正夫：《教育心理学》，北京师范大学出版集团 2011 年版，第 46 页。

二、认知主义学习理论的新发展

（一）皮亚杰的认知结构理论

瑞士心理学家皮亚杰（J. Piaget）及其日内瓦学派对儿童的认知发展进行了深入系统的研究。在皮亚杰看来，发展在很大程度上依赖儿童对周围环境的操作以及与周围环境的积极互动。笔者做此理解：人是一种社会性动物，我们不可能脱离社会而存在、生活。我们在社会中成长、成熟，个体与环境相互作用的建构过程促进了其内部心理结构的不断变化。这种变化不是简单地在原有信息的基础上加上新的事实和思想，而是涉及思维过程的质的变化。

就此皮亚杰提出了"图式"，所谓"图式"，他所给的定义是"一个有组织的、可重复的行为或思维模式"，也就是思维或动作模式。由于环境的影响，生物有机体的行为会产生适应性的变化，这种适应性的变化不是消极被动的过程，而是一种内部结构的积极建构过程。刚出生的婴儿，只具有吸吮、哭叫及视、听、抓、握等行为，这些行为模式或图式是先天遗传下来的，是婴儿能够生存的基本条件。随着年龄的增长及机能的成熟，儿童所接触的外界环境越来越复杂，之前所具有的模式或图式已经不能完全帮助儿童在其所在的环境中生存与发展了。因此，儿童需要对原有的图示进行调整与改造，以适应当前的生活情境。

而关于儿童怎样对自己已有的图示进行调整与改造，皮亚杰提出了"同化、顺应、平衡化"这三个概念。皮亚杰认为，人在与社会的相互作用中，通过同化、顺应、平衡化作用，使得图式不断得到改造，认知结构不断发展。"同化"就是把外界元素整合到一个正在形成或已经形成的结构中，即能用已有的知识与经验解决现有的问题。例如，当儿童已经掌握了整数的加减法时，在实际生活中就会很容易回答出"妈妈买了几个苹果"。"顺应"就是已有的图式与当前的情境产生了矛盾，无法顺利解决当前问题，需要调整已有的认知结构，来适应当前情境和解决遇到的问题。简单来说，就是改变旧观点以适应新的情况。而当已有的图式不能解决面临的问题情境时，就产生了皮亚杰所说的不平衡状态，个体很自然地会试图通过各种方式来调整这种不平衡。所以说，心理发展就是个体通过同化和顺应日益复杂的环境而达到平衡的过程。个体也正是在平衡与不平衡的交替中不断构建和完善其认知结构，从而实现认知发展的。

另外，皮亚杰的认知发展阶段理论将个体的认知发展分为：感知运动阶段、前运算阶段、具体运算阶段、形式运算阶段，对后世教育心理的发展也产生了较大的影响。①

（二）布鲁纳的认知发现说

布鲁纳（J. S. Bruner）是美国著名的教育心理学家、哈佛大学教授，主要著作有《教育过程》《思维的研究》《认知心理学》《发现的行为》。

布鲁纳的认知学习理论是建立在对人类学习进行研究的基础上的，所谈认知是抽象思维水平上的认知。其基本观点主要表现在以下三个方面：

1. 学习是主动地形成认知结构的过程

布鲁纳认为，人是主动参加获得知识的过程的，是主动对进入感官的信息进行选择、转换、存储和应用的。也就是说，人是积极主动地选择知识的，是记住知识和改造知识的学习者，而不是一个知识的被动的接受者。学习是在原有认知结构的基础上产生的，不管采取的形式怎样，个人的学习，都是通过把新得到的信息和原有的认知结构联系起来，去积极地建构新的认知结构。

布鲁纳认为学习包括着三种几乎同时发生的过程，即新知识的获得，知识的转化，知识的评价。这三个过程实际上就是学习者主动地建构新认知结构的过程。

2. 强调对学科的基本结构的学习

布鲁纳非常重视课程的设置和教材建设，他认为，无论教师选教什么学科，务必要使儿童理解学科的基本结构，即概括化了的基本原理或思想，也

① 参考黄正夫：《教育心理学》，北京师范大学出版集团 2011 年版，第 48 页。

就是要求儿童以有意义地联系起来的方式去理解事物的结构。如果把一门学科的基本原理弄通了，那么有关这门学科的特殊课题也就不难理解了。

在教学中，教师的任务就是为儿童提供最好的编码系统，以保证这些学习材料具有最大的概括性。布鲁纳认为，教师不可能给儿童讲遍每个事物，要使教学真正达到目的，教师就必须使儿童能在某种程度上获得一套概括化了的基本思想或原理。这些基本思想、原理对儿童来说，就构成了一种最佳的知识结构。知识的概括水平越高，知识就越容易被理解和迁移。

3. 通过主动发现形成认知结构

布鲁纳认为，教学一方面要考虑人的已有知识结构、教材的结构，另一方面要重视人的主动性和学习的内在动机。他认为，学习的最好动机是对所学材料的兴趣，而不是奖励竞争之类的外在刺激。因此，他提倡发现学习法，以便使儿童更有兴趣、更有自信地主动学习。

发现学习法的特点是关心学习过程胜于关心学习结果。学习是认知结构的组织与重新组织。他既强调已有知识经验的作用，也强调学习材料本身的内在逻辑结构。

布鲁纳认为发现学习的作用有以下几点：

（1）提高智慧的潜力；

（2）使外来动因变成内在动机；

（3）学会发现；

（4）有助于对所学材料保持记忆。

所以，认知发现说是值得特别重视的一种学习理论。认知发现说强调学习的主动性，强调已有认知结构、学习内容的结构、儿童独立思考等的重要作用。这些对培育现代化人才有积极影响。①

（三）奥苏伯尔的认知同化论

奥苏伯尔（D. P. Ausubel）与布鲁纳一样，同属认知结构论者，认为

---

① 参考黄正夫：《教育心理学》，北京师范大学出版集团 2011 年版，第 48 页。

"学习是认知结构的重组"，并着重研究了课堂教学的规律。奥苏伯尔既重视原有认知结构（知识经验系统）的作用，又强调关心学习材料本身的内在逻辑关系，认为学习变化的实质在于新旧知识在学习者头脑中的相互作用，那些新的有内在逻辑关系的学习材料与学习者原有的认知结构发生关系，进行同化和改组，在学习者头脑中产生新的意义。

1. 奥苏伯尔的认知同化论的主要观点是：奥苏伯尔的学习理论将学习分为机械的学习与有意义的学习两大类。机械学习的实质是形成文字符号的表面联系，儿童不理解文字符号的实质，其心理过程是联想。虽然说大多数专家与学者都不提倡机械学习，但笔者认为，机械学习实则是 S-R 的联结过程，可以用行为主义的观点来解释，在儿童学习成长的早期，机械学习起主要作用，因此我们不能忽视机械学习，在某种程度上，我们还应该适当利用机械学习来促进儿童的学习。这两种学习在两种条件下产生：一种条件是学习材料本身无内在逻辑意义，另一种条件是学习材料本身有逻辑意义，但儿童原有认知结构中没有适当知识基础可以用来同化它们。有意义学习的实质是个体获得有逻辑意义的文字符号的意义，是以符号为代表的新观念与儿童认知结构中原有的观念建立实质性的而非人为的联系。有意义的学习过程就是个体从无意义到获得意义的过程。这种个体获得的意义又叫心理意义，以区别于材料的逻辑意义。所以有意义的学习过程也就是个体获得对有意义的材料的心理意义的过程。

奥苏伯尔认为有意义的学习必须具有下列条件：

（1）新的学习材料本身具有逻辑意义。教材一般符合此要求。在笔者看来，大学之前所学的知识材料大多数都是有意义的，毕竟这些材料都是一些所谓的直接经验，是前人积累、梳理出来的一些宝贵财富。到了大学，我们的学习开始变得有些自由了，我们可以自主地选择一些学习材料，因自己的兴趣与爱好而定，这些材料虽也是通过整理的，但其结构性与组织性可能就不如我们先前接触的教材书本。当然，此时我们的各项发展已经趋于成熟，头脑中的知识经验也颇为丰富，具备了皮亚杰所说的"图式"模式，也开始具备处理与学习这种学习材料的能力了。

（2）学习者认知结构中具有同化新材料的适当知识基础，便于与新知识进行联系，也就是具有必要的起点。而学习者头脑中这些已有知识的获取方式，在笔者看来12岁之前大多数是通过"机械学习"而来的，即此阶段行为主义起主要作用。

（3）学习者还必须具有进行有意义学习的心向，即积极地将新旧知识关联起来的倾向。有句话说的十分经典："你永远叫不醒一个装睡的人。"所以说，意识的能动性是一切有意义学习的前提。

（4）学习者必须积极主动地使这种具有潜在意义的新知识与认识结构中的旧知识发生相互作用。这一点其实与上面所表达的意思是一样的。

2. 与布鲁纳的发现学习不同，奥苏伯尔认为，同化可以通过接受学习的方式进行有意义的学习，它也是积极主动的，与"师讲生听"的满堂灌教学有质的不同。儿童在校学习的主要任务是接受系统知识，要在短时间内获得大量的系统的知识并能得到巩固，主要靠接受学习。接受学习强调从一般到个别，发现学习强调从个别到一般。接受学习和发现学习，都是积极主动的过程。它们都重视内在的学习动机与学习活动本身带来的内在强化作用。

3. 师生关系与教学策略方面，奥苏伯尔认为教师在教学中扮演着主导者、组织者的角色，他可以采用以下教学策略：

（1）逐渐分化原则，指教学内容的安排要遵循从一般到个别的原则，首先讲授最一般的、包摄性最强的观念，然后根据具体细节对它们逐渐加以分化。逐渐分化原则不仅与人类习得认知内容的自然顺序相一致，而且与人类认知结构中表征、组织和贮存知识的方式相吻合。

（2）教学内容的横向组织应该考虑儿童认知结构中现有观念的异同。这一原则的作用在于可使儿童辨明每一观念与其他平行观念的关系，消除相互之间的矛盾与混淆，从而使知识更加清晰和巩固。①

---

① 参考黄正夫：《教育心理学》，北京师范大学出版集团2011年版，第51页。

（四）加涅的信息加工学习理论

加涅是 20 世纪最有影响的著名教育心理学家之一。他认为，学习是一个有始有终的过程，这一过程可分成若干阶段，每一阶段需进行不同的信息加工。在各个信息加工阶段发生的事件，称为学习事件。学习事件是儿童内部加工的过程，它形成了学习的信息加工理论的基本结构。与此相应，教学过程既要遵循儿童的内部加工过程，又要影响这一过程。因而，教学阶段与学习阶段是完全对应的。在每一教学阶段发生的事情，即教学事件，这是学习的外部条件。教学就是由教师安排和控制这些外部条件构成的，而教学的艺术就在于学习阶段与教学阶段的完全吻合。

1. 学习的信息加工模式

加涅认为，学习的模式是用来说明学习的结构与过程的，它对于理解教学和教学过程以及如何安排教学事件具有极大的应用意义。加涅提出了影响深远的信息加工理论，其信息加工模式如图 6-1 所示：

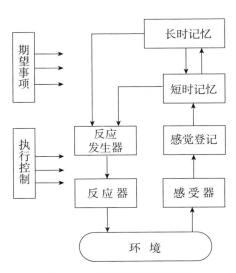

图 6-1　加涅的信息加工模式

（1）信息加工过程

从图6－1中，我们可以看到信息从一个假设的结构流到另一个假设的结构中去的过程。首先，儿童从环境中接受刺激，刺激推动感受器，并转变为神经信息。这个信息进入感觉登记，属于非常短暂的记忆储存，一般在百分之几秒内就可把来自各感受器的信息登记完毕。有些部分登记了，其余部分很快就消逝了，这涉及注意或选择性知觉的问题。在儿童成长的早期，笔者提倡"行为主义教法"，但是笔者并没有否定儿童也存在"知觉选择"的过程，即使是初生儿，他们对这个世界的所有事情都充满着好奇，但他们也在选择，选择自己最感兴趣的事物进行加工。

被感觉登记的信息很快进入短时记忆，信息在这里可以持续二三十秒。短时记忆的容量很有限，一般只能储存七个左右的信息项目。一旦超过了这个数目，新的信息进来，就会把部分原有信息赶走。如果想要保持信息，就得采取复述的策略。但复述只是保持信息以便进行编码，并不能增加短时记忆的容量。

当信息从短时记忆进入长时记忆时，信息发生了关键性转变，即要经过编码过程。所谓编码，不是把有关信息收集在一起，而是用各种方式把信息组织起来。信息是经编码形式储存在长时记忆中的。一般认为，长时记忆是个永久性的信息储存库。当需要使用信息时，需经过检索提取信息。被提取出来的信息可以直接通向反应发生器，从而产生反应，也可以再回到短时记忆，对该信息的合适性作进一步的考虑，结果可能是进一步寻找信息，也可能是通过反应发生器做出反应。

（2）控制结构

图6－1所示的学习的信息加工模式中，还包含期望事项与执行控制。期望事项是指儿童期望达到的目标，即学习的动机。正是因为儿童对学习有某种期望，教师给予的反馈才会具有强化作用。换言之，反馈之所以有效，是因为反馈能肯定儿童的期望。执行控制即加涅学习分类中的认知策略，执行控制过程决定哪些信息从感觉登记进入短时记忆、如何进行编码、采用何种提取策略等。由此可见，期望事项与执行控制在信息加工过程中起着极为

重要的作用。加涅之所以没有把这两者与学习模式中其他结构联系起来，主要是由于这两者可能影响信息加工过程中的所有阶段，并且它们之间的关系目前还不太清楚。

2. 学习阶段及教学设计

从学习的信息加工模式中可以看到，学习是儿童与环境之间相互作用的结果。学习过程是由一系列事件构成的。加涅认为，每个学习动作可以分解成八个阶段：

（1）动机阶段

有效的学习必须要有学习动机，这是整个学习的开始阶段。动机的形式多种多样，在教育教学情境中，首先要考虑的是激发儿童进行学习活动的动机，即儿童力图达到某种目的的动机。它是借助于儿童内部产生的心理期望过程而建立起来的。期望是指儿童对完成学习任务后将会得到满意结果的一种预期，它可以为随后的学习指明方向。但是，在有些场合下，儿童最初并没有被达到某种目的的诱因推动，这时就要帮助儿童确立学习动机，形成学习期望。理想的期望只有通过儿童自己的体会才能形成，而不是仅仅通过教师告诉儿童学习的结果来形成。因此，为了使儿童形成理想的期望，在儿童实际获得某种知识和技能之前，应先做出安排使儿童达到某种目标，以便向儿童表明他们能够达到预期的目标。在笔者看来，儿童学习早期较少需要动机，关键是父母的"行为主义教法"在起作用。6岁之前的儿童，可塑性非常强，几乎是父母安排学习什么就学什么，这也是当今我们积极提倡与呼吁的"早教"和"胎教"。

（2）领会阶段

有了学习动机的儿童，首先必须接受刺激，即必须注意与学习有关的刺激，而无视其他刺激。当儿童把所注意的刺激特征从其他刺激中分化出来时，这些刺激特征就被进行知觉编码，储存在短时记忆中。这个过程就是选择性知觉。

为了使儿童能够有效地进行选择性知觉，教师应采用各种手段来引起儿童的注意，如改变讲话的声调、手势动作等；同时，外部刺激的各种特征本

图6-2 儿童看到窗户外面的事物，每个人的关注点是不一样

身必须是可以被分化和辨别的。儿童只有对外部刺激的特征作出选择性知觉后，才能进入其他学习阶段。而儿童会选择什么，正是我们可以操作的部分，不过这种操作是越早越好，因为我们都知道儿童的任何发展都存在"关键期"，一旦错过关键期，儿童的认知发展到一定阶段，我们过多的干预便会起到反作用。

（3）习得阶段

当儿童注意或知觉外部情境之后，就可获得知识。而习得阶段涉及的是对新获得的刺激进行知觉编码后储存在短时记忆中，然后再把它们进一步编码加工后转入长时记忆中。

在短时记忆中暂时保存的信息，与被直接知觉的信息是不同的。在这里，知觉信息已被转化成一种最容易储存的形式，这种转化过程被称为编码过程。当信息进入长时记忆时，信息又要经历一次转换，这一编码的目的是为了保持信息。如用某种方式把刺激组织起来，或根据已经习得的概念对刺激进行分类，或把刺激简化成一些基本原理，这些都会有助于信息的保持。在此过程中，教师可以给儿童提供各种编码程序，鼓励儿童选择最佳的编码方式。

（4）保持阶段

儿童习得的信息经过复述、强化后，以语义编码的形式进入长时记忆储存阶段。对于长时记忆，人类至今了解不深，但有几点目前是清楚的：第一，储存在长时记忆中的信息，其强度并不随时间进程而减弱，如七八十岁的老人回忆孩提时的事情往往比当天的事情更清楚；第二，有些信息因长期不用会逐渐消退，如一个人已习得的外语单词会因经常不用而遗忘；第三，记忆储存可能会受干扰的影响，新旧信息的混淆往往会使信息难以提取。因此，如果教师能对学习条件作适当安排，避免同时呈现十分相似的刺激，可以减少干扰的可能性，从而提高信息保持的程度。

（5）回忆阶段

儿童习得的信息要通过作业表现出来，信息的提取是其中必需的一环。相对其他阶段而言，回忆或信息提取阶段最容易受外部刺激的影响。教师可以利用各种方式使儿童得到提取线索，这些线索可以增强儿童的信息回忆量。但作为教师，最重要的是指导儿童，让他们为自己提供线索，从而成为独立的学习者。所以，对于教学设计来说，通过外部线索激活提取过程固然重要，但更重要的是使儿童掌握为自己提供线索的策略。

（6）概括阶段

儿童提取信息的过程并不始终是在与最初学习信息时相同的情境中进行的。同时，教师也总是希望儿童能把学到的知识运用于各种类似的情境中去，以达到举一反三的目的。因此，学习过程必然有一个概括的阶段，也就是学习迁移的问题。为了促进学习的迁移，教师必须让儿童在不同情境中学习，并给儿童提供在不同情境中提取信息的机会；同时，更为重要的是，要引导儿童概括和掌握其中的原理和原则。

（7）作业阶段

一个完整的学习过程需要有作业阶段似乎是不言而喻的，因为只有通过作业才能反映儿童是否已习得了所学的内容。作业的一个重要功能是获得反馈；同时，儿童通过作业看到自己学习的结果，可以获得一种满足。

当然，作业主要是给教师看的。一般来说，仅凭一次作业是很难对儿童的学习情况做出判断的，有些儿童可能碰巧做得很好，有些儿童则可能碰巧做得不理想，因此教师需要几次作业才能对儿童的学习状况做出判断。

（8）反馈阶段

当儿童完成作业后，他马上意识到自己已经达到了预期的目标。这时，教师应给予反馈，让儿童及时知道自己的作业是否正确，从而强化其学习动机。当然，强化在学习过程中之所以起作用，是因为儿童在动机阶段形成的期望在反馈阶段得到了肯定。①

教师在提供反馈时，不仅可以通过"对""错""正确"或"不正确"等词汇来表达，而且可以使用点头、微笑等许多微妙的方式反馈信息。同时，反馈并不总是需要外部提供，它也可以从儿童内部获得，即进行自我强化。例如，儿童可以根据已经学过的概念、规则，知道自己的答案是否正确。

一个完整的学习过程是由上述八个阶段组成的。在每个学习阶段，学习者的头脑内部都进行着信息加工活动，使信息由一种形态转变为另一种形态，直到学习者用作业的方式作出反应为止。教学程序必须根据学习的基本原理来进行，在结果确定之后，它们必须按照教学工作目标的适当顺序安排。有效的教学要求教师根据儿童的内部学习条件，创设或安排适当的外部条件，促进儿童有效地学习，以实现预期的教学目标。

总之，加涅认为教师是教学活动的设计者和管理者，也是儿童学习效果的评定者。笔者对此非常赞同，其实就人一生的发展来看，引导者的作用是不容忽视的，广大家长与教师任重道远。

3. 信息加工学习理论虽然具有新意，但客观上存在局限：

（1）学习的信息加工理论，只局限于学习的认知过程。由于计算机根本无法模拟人的社会属性或本质特性，因而未能涉及对学习和认知过程有重要影响作用的非智力因素，如学习动机等。

（2）信息加工学习理论，过分强调学习者内部已有的知识及其结构对当前学习和认知活动的作用，甚至认为这种作用是决定性的。这就在纠正环境决定论的同时又有可能陷入知识决定论。

---

① 参考黄正夫：《教育心理学》，北京师范大学出版集团 2011 年版，第 55 页。

三、认知主义学习理论的教育启示

认知派学习理论为教学论提供了理论依据，丰富了教育心理学的内容，为推动教育心理学的发展做出了重要贡献。主要包括：

1. 重视人在学习活动中的主体价值，充分肯定了学习者的自觉能动性。这也是在一些"专制型"教养方式家庭中常见的问题，忽视儿童的主体性，总是把自己的意愿强加给儿童，或许在早期儿童不会反抗而且很乐意，但是家长与老师要明白，儿童是发展的，并且他们的发展是"不平衡"的，我们的教育教学方法也要适时加以改变，这也是笔者后面所要谈到的关键内容。

2. 强调认知、意义理解、独立思考等意识活动在学习中的重要地位和作用。

3. 重视人在学习活动中的准备状态。即一个人学习的效果，不仅取决于外部刺激和个体的主观努力，还取决于一个人已有的知识水平、认知结构、非认知因素等。准备是任何有意义学习赖以产生的前提。作为家长，应该好好把握孩子入学前的关键时期，在小学开始之前的这段时间，儿童的可塑性是最强的。

4. 重视强化的功能。认知学习理论由于把人的学习看成是一种积极主动的过程，因而很重视内在的动机与学习活动本身带来的内在强化的作用，有时候学习本身就是一种强化。如果能在注重内在强化的同时适当运用外部强化，学习效果或许会更好。当然，如何把握好将内在强化与外在强化结合起来，是需要一定的方法与策略的，这也是当前广大教师与教育工作者所关注与研究的领域之一。

5. 主张人的学习的创造性。布鲁纳提倡的发现学习论就强调儿童学习的灵活性、主动性和发现性。这也是我国现如今所积极倡导与推广的素质教育的要求。它要求儿童自己观察、探索和实验，发扬创造精神，独立思考，改组材料，自己发现知识、掌握原理原则，提倡一种探究性的学习方法。强调通过发现学习来使儿童开发智慧潜力，调节和强化学习动机，牢固掌握知识并形成创新的本领，为我国社会主义现代化建设做贡献，成为中国特色社会主义建设的接班人。①

<h1 style="text-align:center">小　结</h1>

认知主义学习理论的基本观点是：人的认识不是由外界刺激直接给予的，而是内心和外界相互作用的结果。苛勒的黑猩猩是一个认知主义学习理论的经典实验。猩猩搬箱子充分说明事物是内外因相结合的观点，并非行为主义所坚持的那样，单纯地只是外在环境的影响。但是外在环境确实起着不可替代的作用，没有环境刺激，我们就不会遇到认知冲突，进行"图式"顺应与同化，然后发生学习。

但是，认知主义学习理论也存在缺陷：它对非智力研究是不重视的，在影响学习的非智力因素方面并没有进行探索，例如，儿童在学习过程中的一些情绪情感等的研究，认知主义并没有涉及。在日常生活中，我们的学习大多数时候需要情绪调动，有时不是我们不会而是我们不想。笔者认为这也许是认知主义接下来需要努力的方向了。

---

① 参考《认知主义的贡献和缺陷》，2012 年 1 月 7 日，见 http：//wenku. baidu. com/view/5739d271f46527d3240ce0df. html。

第七章

行为主义与认知主义
学习理论的辩证统一

根据笔者多年的实践研究和追求，从另一个角度阐释行为主义、认知主义学习理论，探索如何遵循儿童自身发展的特点来因材施教的教育模式。行为主义与认知主义一直以来都是对立的两派，在人的学习实践中真的不可调和吗？两者之间是否存在共性？对儿童教育有何启示？这一章笔者将全面进行介绍。

一、行为主义与认知主义学习理论的矛盾

学习理论是揭示人们学习活动的本质和规律、解释和说明学习过程的心理机制，以指导人们学习。行为主义和认知主义学习理论在研究对象、学习本质、学习内容、学习分类、学习的发生、决定学习的因素、学习结果的评定与测量、学习的迁移、学习的影响与作用等几个方面都存在各自不同的观点，即二者之间有一定的矛盾。

（一）行为主义与认知主义的研究对象不同

行为主义认为心理学不应该研究"意识"，只应该研究"行为"，把行为与意识完全对立起来；认为心理学是一门自然科学，是研究人的活动和行为的一个部门，要求心理学必须放弃与意识相关的一切关系。而认知主义则

认为学习并非是机械的、被动的刺激—反应的联结，学习要通过主体的主观作用来实现。皮亚杰认为，认识是主体转变客体过程中形成的结构性动作和活动，认识活动的目的在于取得主体对自然社会环境的适应，达到主体与环境之间的平衡，主体通过动作对客体的适应又推动认识的发展，强调认识过程中主体的能动作用，强调新知识与以前形成的知识结构相联系的过程，表明了只有学习者把外来刺激同化进原有的认知结构中去，人类学习才会发生。①

（二）学习本质方面的区别

究竟什么是学习？学习的界定是什么？在我们的日常生活中，"学习"所涉及的范围和领域很多。不同的理论家对于学习都有自己的定义，行为主义与认知主义也不例外。行为主义学派的几个重要代表人物的观点都没有脱离学习即联结这个基本的定义。行为主义的早期代表桑代克认为，学习就是神经系统中刺激与反应联结的形成，"学习即联结，心即人的联结系统"。桑代克的这一观点后来为格斯瑞所强调，并成为行为主义心理学关于学习的基本观点。行为主义的杰出代表华生也认为，学习是通过条件反射而建立的刺激和反应的联结。行为主义的上述几位代表人物的观点成为该学派后来研究学习问题的理论依据。

而在学习的本质问题上，认知心理学则有不同的看法。如格式塔心理学认为，我们通过感官知觉所得到的都是一些整个的完形、式样，即"格式塔"，人对环境提供一种组织或完形作用，这种组织或完形作用，就是学习。格式塔心理学所讲的学习，就是学习者积极组织他的知觉经验。符号学习论的代表人物托尔曼认为，学习应是由一种符号、信号到一定符号意义的过程，学习乃是期待的获得，而非习惯的形成、联结。学习也是依据头脑里的地图（即认知地图），根据环境的符号来达到目的的。结构主义认知心理学的创始人皮亚杰则认为，学习是一个主动地进行自我调节的过程，在人类

---

① 参考马雅菊：《三代行为主义学习理论比较研究》，《教师》2010 年第 2 期。

个体发展的不同阶段，学习具有不同的形式。

可见，行为主义心理学强调刺激反应的联结、行为的变化，强调由外部强化的练习所引起的行为变化便是学习。认知心理学则强调人这种有机体的能动作用，认为学习是个人对情景的理解、组织，是对外部事物的内部反应的结果，同时强调内部强化。因此，两派在关于什么是学习的问题上所强调的侧重点是不同的。①

（三）学习内容方面的区别

在学习什么的问题上，行为主义着重于学习的结果，认知心理学则着重于学习的过程。在日常的教育活动中，一些教师与家长过分关注儿童学习的结果，也就是现在"应试教育"的弊端；他们关注的是可见的行为结果，比如考了多少分、在班级中的名次等；他们对于学习的目的性过强，在儿童的课余时间里，安排课外辅导，上各种辅导班，忽视了儿童的兴趣所在，这样反而限制了儿童的发展，某种程度上掩盖了儿童某些方面的发展潜能。很显然，这与行为主义学习理论比较吻合。而现在我国的素质教育改革，追求儿童的德、智、体、美的全面发展，注重过程教育，注重儿童素质的全面提高，这便是认知主义学习理论所提倡的了。

行为主义心理学认为，学习的内容可以事先安排，可以人为控制，教师或家长想要儿童习得何种行为，学习何种知识，掌握何种技能，便可以通过刺激—反应来建立，并通过强化加以巩固。行为主义还认为，某些知识与技能一旦学会，那么所学会的东西是习惯，是刺激与反应的联结；同时，行为主义强调片段和小单元的学习，他们认为特定的情景引起特定的学习，在某些特定的情景下，学习便会发生。而认知心理学则认为，学习内容就是认知结构及期望的改变，并且强调整体性学习。如托尔曼就认为自己的理论是一种整体性的行为主义，而不是分子性的行为主义。同时，托尔曼还认为学习

---

①　参考张莉、廖全明：《行为主义与认知心理学学习理论的异同》，《重庆广播电视大学学报》2004 年第 16 卷第 3 期。

是一种有目的的行为，而不是无意识地盲目尝试，在刺激与反应的联结中还有意识的参与。加涅的学习理论提出选择性知觉，在面对一系列刺激中，儿童的反应是有选择的，并不是我们给定什么他们就学习什么。认知心理学还强调事物之间关系的学习。①

综上可以看出，这种强调整体性和关系、过程的学习与强调片段、小单元以及学习结果的学习观点是有明显区别的。

（四）学习分类的差别

行为主义学派的早期代表桑代克把人的学习分为四类：（1）像普通动物式的养成结合；（2）以观念养成结合；（3）分析或抽象；（4）选择的思想或推理。但是桑代克却认为无论学习的形式如何细巧、如何复杂、如何进步，所应解释的事实的主要部分或全部仍不免是这些简单的事实——以应用与知识而选择，以失用与烦恼而淘汰。早期认知心理学的代表人物托尔曼认为学习有好多类型，它不仅包括符号完形学习，而且包括动作形式、分辨和复杂的观念作用过程等学习。认知心理学的另一代表人物加涅对学习的分类更为明确，1970 年加涅根据学习水平的繁简程度，提出了八类学习：（1）信号学习，即经典条件左右学习对某种信号做出某种反应；（2）刺激—反应学习，即操作性条件学习；（3）连锁学习，是一系列刺激—反应的联合；（4）言语联想学习，也是一系列刺激—反应的联合，但它是由言语单位所联结的连锁；（5）辨别学习，即学会识别多种刺激的异同并对之做出不同的反应；（6）概念学习，即对刺激进行分类时，学会对一类刺激做出同样的反应，也就是对事物的抽象特征进行反应；（7）规则学习，规则指两个或两个以上概念的联合，规则学习即了解两个或两个以上概念之间的关系；（8）解决问题的学习，即学会应用各种规则去解决问题。加涅的这种学习是从简单到复杂、从低级到高级的分类。他认为，因外部条件（指

---

① 参考张莉、廖全明：《行为主义与认知心理学学习理论的异同》，《重庆广播电视大学学报》2004 年第 16 卷第 3 期。

因学习内容不同而各异的种种条件的集合）的不同要求内部条件（指过去的知识经验、认知结构等）有适当的变化，并应根据学习的不同类型及所需相应的内外部条件来规划学习。另外，加涅根据学习的结果将学习分为言语信息的学习、智慧技能的学习、认知策略的学习、态度的学习、运动技能的学习。由此可见，加涅的分类不但与桑代克的分类标准不同，而且分类也更加清晰明确。在这方面显然是认知主义学习理论优于行为主义学习理论。①

（五）学习发生方式的区别

行为主义学派强调学习的渐进过程，认为学习行为主要是在渐进过程中尝试错误（桑代克等人的观点）。认知心理学的早期代表（如格式塔学派）则提倡通过理解、分析思维、创造性和自我激发来进行学习。如苛勒等人就强调顿悟学习，认为学习不是由于盲目尝试，而是由于对情景有所顿悟才获得成功；所谓顿悟就是领会到自己的动作为什么和怎样进行，领会到自己的动作、情景和目的物的关系。认知主义强调的是学习主体的主动性，而行为主义的学习是无意识的、盲目的。② 虽然大多数人肯定认知主义的观点，但笔者认为这种观点仍有些偏见。究竟二者在人的一生发展中的关系如何，后面的内容详细论述，相信会给广大热爱教育事业的朋友们带去一些启示。

（六）决定学习因素的区别

在学习过程的影响因素问题上，行为主义总是强调环境的作用，教师、家长的外在教育，特别是外界环境所带来的知觉经验，在教育方式上强调灌输与强化。他们接受了哲学经验论者洛克的"白板说"，人生下来是一张白纸，对于这个世界没有任何认知，而出生后的学习起着至关重要的作用，也

---

① 参考张莉、廖全明：《行为主义与认知心理学学习理论的异同》，《重庆广播电视大学学报》2004 年第 16 卷第 3 期。

② 参考张莉、廖全明：《行为主义与认知心理学学习理论的异同》，《重庆广播电视大学学报》2004 年第 16 卷第 3 期。

就是说影响儿童发展的决定性因素是外部刺激，如赫尔就认为学习赖以进行的基本条件是在外部强化条件下刺激和反应的邻近性。认知心理学除了承认环境具有一定影响作用外，还特别强调由遗传作用保留下来的图式或认知结构的作用，同时还强调人与环境的交互作用，强调意识在学习中的作用，认为学习是一种有目的的行为。① 虽然这两者的观点存在差异，但笔者认为，这两种理论只是关注的人生发展阶段不同而已。就人的一生发展来说，这两者对人的发展都有其各自的独特作用。

（七）学习结果评定与测量方面的区别

在测量儿童的学习效果问题上，行为主义侧重于测出行为的速率及行为中错误的比率变化；认知心理学侧重于了解学习这一行为的基本模式或模型，他们认为有机体的反应不是对情景中的各部分而是对整个模型。这是有明显区别的。②

（八）学习迁移方面的差异

在学习迁移理论上，行为主义学派注重某些共同因素的迁移。例如桑代克认为，假如两种学习情景 A 和 B 有共同的因素，那么从 A 到 B 的迁移就会发生，这也就是行为主义学习理论中所说的泛化，因为相似才会产生迁移。有的学者也认为，假如某些刺激—反应关系从一情景到另一情景是相同的，这时，只有这时，才有迁移的可能。但与行为主义的这些看法不同，认知心理学强调原理、原则的迁移以及经验的类化。《关于学习问题的各家学说》一书中，评价托尔曼的迁移观点时指出：托尔曼认为假如情景中的主要关系（各个成分之间）是学习者所能看出的，从认知学说的角度，是会有大量的学习迁移的。认知心理学的这种观点对于新知识的学习和过去经验

---

① 参考张莉、廖全明：《行为主义与认知心理学学习理论的异同》，《重庆广播电视大学学报》2004 年第 16 卷第 3 期。

② 参考张莉、廖全明：《行为主义与认知心理学学习理论的异同》，《重庆广播电视大学学报》2004 年第 16 卷第 3 期。

的总结推广（即"类化"）是很有意义的。①

（九）学习影响与作用方面的不同

行为主义的杰出代表华生认为，学习是人发展的决定性因素，因而教育是万能的，人们可以把"一打健全的婴儿"，通过教育任意培养为自己所需要的某种特殊人才。认知心理学家们既承认环境的作用，又不否认遗传的作用，同时又不像行为主义那样把学习、教育看成是万能的，他们把学习看作是一种认知与再认知的活动过程。认知主义综合考虑了多方面因素在学习中的作用，显然这种思维方式是进步的；行为主义过于激进但其提出的某些观点也不无道理。

通过上述分析，我们可以发现行为主义与认知主义学习理论的矛盾看上去都是重要的区别，但是经过观察、研究儿童和成人的学习后，又发现这两个理论对学习都有帮助，都有一定的正确性，难道两者真的是水火不容吗？②

图7-1　行为主义和认知主义的矛盾就像两个不停吵架的人

---

① 参考张莉、廖全明：《行为主义与认知心理学学习理论的异同》，《重庆广播电视大学学报》2004 年第 16 卷第 3 期。

② 参考张莉、廖全明：《行为主义与认知心理学学习理论的异同》，《重庆广播电视大学学报》2004 年第 16 卷第 3 期。

二、行为主义与认知主义学习理论的辩证统一

行为主义和认知心理学两派对学习理论的研究所涉及的范围和分析的程度都比较广泛和深入，在涉及某些具体问题时都有各自的实验证据做支持。在行为主义学习理论上，有斯金纳关于学习过程中强化作用的强化说的操作主义实验——斯金纳箱；在认知主义学习理论方面，有苛勒关于学习顿悟说的黑猩猩实验等。同时，两派理论所涉及的范围、研究的深度相近，同时又都是对同一问题或对象——关于人的学习的研究，这也反映了两者共同的地方。

在局限性方面，两者都由于缺乏正确的哲学方法的指导，因而只注意到学习的自然因素，而忽视了学习更重要的社会因素，这使得两者的理论具有了共同的局限性。正如心理学家墨菲所指出的那样："一个人被孤立以后，甚至就孤立的意义来说，也不再是一个完全的人了。"另外，我们应该充分认识到行为主义与认知心理学两派学习理论的不足。例如：（1）行为主义具有明显的机械论色彩。行为主义学习理论只考虑外部可以观察到的行为，而忽视整个内在的意义、目的和内部经验的交流。这一点在行为主义学习理论观点的许多方面都有体现，如强调环境决定、教育万能，却忘记了环境是由人来改变的和学习过程中遗传的某些作用等。（2）认知心理学的学习理论虽然注意克服前者的弊端，注意吸收以往理论的合理因素，但由于缺乏正确的哲学方法论指导，虽然有时也包含一些辩证法的因素，但仍不能将科学的方法和原则贯彻到底，以至于在其理论观点中仍存在某些缺陷。

虽然行为主义和认知心理学的学习理论存在着上述区别，也都还有许多不足，但这两种理论只是关注的人生发展阶段不同而已。就人的一生发展来说，这两者对人的发展都有其各自的独特作用。因此，它们并不是相互排斥的，如果我们在建立学习心理学体系时，能抛弃两派各自的不合理因素，吸取其合理的因素，就能够建立起以辩证唯物主义为指导的科学的学习理论。下面就谈谈笔者在行为主义学习理论与认知主义学习理论在其

统一方面的认识：

（一）行为主义与认知主义学习理论在人一生的发展中都具有不可替代性，在人发展的不同阶段，对人的发展起着特定的作用

虽然在人发展的不同阶段，这两者所起的作用是不同的，人成长过程中的外在表现也不同，所以会有行为主义学习理论与认知主义学习理论之争，他们都认为各自理论对人的发展的作用是最重要的，但从人的一生来讲行为与认知对人的发展是统一的，只是在人不同的成长阶段，两者所起作用的外显性不同而已，我们不能将两者割裂开来。行为主义与认知主义在人一生发展过程中的关系如图 7 - 2 所示：

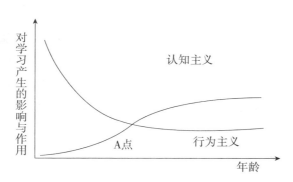

图7-2　行为主义与认知主义在人一生发展过程中对学习产生影响与作用的关系

就图所展现的，总体上看，行为主义与认知主义学习理论在人的一生发展过程中都在起作用，但在不同阶段两者所起作用的大小存在区别。

第一，在 A 点（因性别、个体智能不同而不同，笔者认为，一般情况下为 12 岁左右的儿童）之前，行为主义理论始终占据上风，对儿童的发展起着主要作用。当然不排除个别儿童的发展过快或过慢的现象，但就笔者多年的观察与研究，一般是在 12 岁，而具体到每个个体也存在区别，这就是我们前面所谈到的儿童发展的不平衡。此时儿童的学习主要是机械的，就如行为主义所描述的那样，在这一阶段，儿童的学习就是 S - R 的联结，主要的学习方式是被动地接受，他们的反应根据外界刺激的不同而不同。例如，初生儿对父母的称呼，如果我们一直教他"妈妈"，那么他就会叫妈妈，但是港台地区的宝宝们则多称呼自己的妈妈为"妈咪或英文 mom"。很显然，此时儿童的学习反应是不存在知觉选择的或者说很少会有，外界给出什么刺激他们便会做出什么反应。在这一阶段，儿童的可塑性非常强，所以这也是古今中外的一些教育家们大力倡导"胎教与早教"的依据所在。笔者比较赞成洛克的"白板说"，前期儿童的头脑中所有的经验量几乎为零，大部分在于后天的学习与积累。当然，遗传是基础，没有遗传的智能，即使再努力也难达到理想效果。

第二，在 A 点之后，行为主义的影响就会逐渐让步于认知主义。此时，孩子已经有自己的一些知识和经验，并不是我们教给他什么他就会学习什么，这时候他们会有一些明显的变化，细心的家长和老师会明显感觉到，孩子会对你要他所学的东西、所参与的一些兴趣班询问理由。以笔者亲身经历来说，在儿子 12 岁之前笔者一直让他背诵一些名著，当时他也一直坚持背诵，对父母的安排从来没异议，但过了 12 岁（甚至更早的年龄），就已经不受控制了，一些事情开始有自己的想法，不再是家长说什么就好的状态，一些外在的强化手段也不再起作用或者说外在的诱惑没有之前那么管用了。好多的事必须是他自己愿意才行。他已经开始要求理解，开始有选择的倾向性，所以说，此时的儿童已经开始慢慢地进入认知主义的模式，开始出现皮亚杰所说的不平衡状态，认知主义占上风，行为主义居次。所以，此时家长对于儿童的一些教育方式也要适时地加以改变，不能像之前那样主要以灌输与外在强化为主，要注意儿童的兴趣、爱好，调动儿童学习的内在动机，激发儿童的学习兴趣，引导儿童积极主动地去学习、去参与。

第三，行为主义与认知主义统一于人一生的发展过程。行为主义在 A 点之前一直处于儿童教育中的主要地位。之后，儿童开始慢慢走出行为主义的模式，此时的儿童有了自己的想法和选择，从"向师性"的角度来看，老师会有一些失落，家长也会有同样的体验。但是，我们也应当感到欣慰，这是孩子成长的必经阶段。

（二）行为主义与认知主义学习理论彼此互为基础

行为主义与认知主义互为基础，相互依存，共处于人一生发展的统一体中。

1. 行为主义是认知主义的发展基础

在皮亚杰的观点中，刚出生的幼儿头脑中所存在的"图式"很少，可以说几乎没有，慢慢地随着年龄的增长，儿童在与外界环境的相互作用中逐渐积累、形成自己的认知图示。但我们想问的是，如"白纸"一般的孩子，如何获得这些"图示"，外部环境对他们来说完全是陌生的，其自我意识还未发展，他们还不会自己主动去学习，只是外界给他们呈现什么便会反应什么。儿童在发展过程中，通过同化、顺应、平衡等来适应与改变自己已有的认知结构（即"图式"），从而向前发展。那么这个已有的"图式"又从何而来？答案是"行为主义"。初生的幼儿各方面都发展不成熟，只有遗传所带来的智能结构，此时他们如同小动物一般，只能伴随外界环境的变化而变化，他们的"学习"主要是简单的"S－R"的联结。这种外在的刺激与影响，形成了儿童头脑中最初的图式。但是随着年龄的增长与机能的成熟，儿童头脑中的认知结构（即"图示"）积累得越来越多，就会形成自己的一些认识和体验，继而发生"不平衡"以及相应的同化、顺应等。因此，可以说行为主义为认知主义做了铺垫，为认知主义发展打下了的基础。

2. 认知主义是行为主义进一步发展的条件

在儿童发展的前期，主要是行为主义起作用，但随着年龄的增长与机能的成熟，儿童渐渐开始有自我意识。皮亚杰的认知发展阶段理论认为，儿童的认知发展是一个从对事物的被动发展到主动探究的过程，并且认为这个过程是在 2 岁左右。所以，从皮亚杰的观点来看，可能在 2 岁之前，儿童的发展是完全被动的，外界给予什么儿童便会反应什么，但在 2 岁以后，儿童开始自己主动地去探究一些事物，会有好奇心。例如，那些刚刚学会走路的孩子会自己去摸索周围的事物，会对天花板上的吊灯非常感兴趣，会拉着妈妈要这个要那个，等等。这个阶段，家长都会有意识或无意识地去营造一定的环境。例如，一些爱好音乐的父母会在家里经常播放音乐，在音乐氛围的熏陶下，孩子今后的发展可能会不自觉地向音乐方向靠拢，说明儿童随着外界的不断刺激，其认知发展中已经有了音乐这一图式。这个"图式"可能是外显的，在以后的发展中会很明显地表现出来，比如，他们会格外热爱音乐，会跟着音乐翩翩起舞，会在音乐中安静下来；也可能是内隐的，表现得不明显，但它确实在儿童后期的发展中起到了一定的作用。从出生到 2 岁这个阶段，孩子会随着外界环境的变化做出不同的反应，一旦他们积累了一些图式，便会有选择。就像前面所提到的，那些在音乐熏陶的环境中长大的儿童，在一家书店与一家 CD 音响店面前会不自觉地走进后者。这种选择外界的刺激，是一种更加高级的 S－R 的反应，不是盲目的、无目的的接受刺激，而是有目的的、有选择的高级刺激，这便是认知主义对行为主义所提供的更高发展的条件。

（三）行为主义与认知主义相互依存，谁也离不开谁，是行为主义—认知主义—行为主义的过程，两者相互依存共同统一于人的发展中

1. 行为主义—认知主义

初生儿除了遗传下来的智能结构，对这个世界的认识几乎是零。他们的脑力等方面尚未发展成熟，此时的儿童可以说是"一张有着'特定版面'（指遗传）的空白图纸"，在外界环境的作用下这幅图才渐渐开始有了一些大体的轮廓，而这个轮廓与外界的环境并不完全对等。虽然刚开始时，环境呈现什么这幅图便会出现什么，但是随着时间的积累，我们发现不是所有的设计都会纳入，有些显得不协调，还有的与已有的轮廓相冲突。所以，渐渐地孩子开始有选择地在这幅图里添加内容，这便是行为主义到认知主义的过程。

2. 认知主义—行为主义

当这幅图纸开始出现大体轮廓，有了一些目标时（虽然模糊却存在目标），我们便在这个大方向下进行刺激—反应。此时的学习便如托尔曼新行为主义中所言的"S－O－R"模式，是在意识指导下开始有选择地进行反应。行为主义的强化与惩罚之类的措施依然起着较为重要的作用。

3. 随着儿童的不断成长，认知主义和行为主义二者之间的界限已经不是很明显了。例如，当我们独自一个人在家时，会不自觉地把门锁上，有人来敲门顺口喊了"请进"，好长时间却没人进来时，我们才发现自己把门锁上了，但回想时却完全不记得，原来我们已经习惯化，关门这一动作已经无需意识加工。但是，在这之前我们必定有过意识的过程，只是从何时开始习惯化的，我们却再也记不起来，这便是人类发展的奇妙之处。此时行为主义与认知主义已经融为一体，我们很难再找出其明显的区别界限。这也说明我们已经成熟，社会历练到了一个新台阶，等待我们的便是另外一个阶段。

总之，行为主义与认知主义学习理论的目的是一致的，共同揭示人类学习的特点与特征，更好地促进人类学习。行为主义与认知主义所倡导的学习在人一生的发展过程中所起的作用是不同的，并且在个体发展的不同阶段，行为主义与认知主义学习理论的主次地位也在不断轮换。

小　结

行为主义与认知主义统一于人一生的发展过程。行为主义在儿童12岁（因人而异）之前一直在儿童教育中占据主要地位。之后，儿童开始慢慢走向认知主义的模式，但是在人的一生中，这两种学习方式都对人的教育起到重要作用。二者既有区别，也有联系，是互为基础、相互促进、相互发展的对立统一的关系。

第三部分

对儿童教育的新认识与问题分析

这一部分，笔者主要强调两个问题：第一，在儿童成长教育的过程中，家庭、学校、社会三者的教育作用缺一不可，随着时代的发展，家庭教育越发重要，学校教育的部分功能正向家庭教育转移，而且基于"儿童多元智能发展不平衡"的原理，为了使孩子全面发展、有所作为，家长也要付出更多的努力。第二，要善于发现中国传统文化中的精妙之处。比如"死记硬背"，若是打破遗忘规律的"死记硬背"理念，因加入了现代科学理论，运用得法，也将让孩子终身受益。

第八章

对家庭教育、学校教育和社会教育关系的认识

　　根据前述儿童智能发展不平衡的特点，我们了解到：如果智能很弱，即使再努力也很难有所作为；尽管智能很强，不努力学习，也很难有所作为。那么，先天的遗传智能和后天的教育谁轻谁重？在人的一生发展中，家庭教育、学校教育与社会教育的关系如何？尤其在儿童阶段，哪类教育起到至关重要的作用？这一章笔者将进行详细介绍。

　　教育的作用，主要体现在对社会的作用以及对人的作用两大方面。在教育领域中，存在两大问题：教育与社会的发展关系，教育与人的发展关系。从根本上讲，社会的发展取决于人的发展。西方著名教育家夸美纽斯在他的《大教学论》中说过："假如要形成一个人，就必须由教育去形成。"洛克曾经也说过："我敢说我们所见的人中，他们之所以或好或坏，或有用或无用，十之八九是由他们的教育所决定的。"我国古代先贤提出"性相近，习相远"的理论，也是在强调后天教育和环境的影响。

　　教育不管是有组织的还是无组织的，系统的或是零碎的，家庭的或是学校的、社会的，都是有目的地培养人的活动，都是以培养人为主要目的的活动。

一、家庭教育、学校教育和社会教育的关系

通常我们所说的三大教育，是指学校教育、家庭教育和社会教育。这三大教育，尽管处于不同的社会地位，但彼此之间有着十分密切的联系。另外，家庭、学校和社会教育三者之间，在教育内容方面虽然有环环相扣的关系，但要明确的是各有侧重。按照儿童的成长规律，他们接受教育的顺序应该先是家庭的，再是学校的，最后是社会的，当然三者之间的界限并不是泾渭分明。在儿童未上学前，家庭教育是相对独立的，它和学校教育与社会教育的关系不甚紧密。儿童进入学校后，家庭、学校和社会教育三者之间的关系会紧密起来。三大教育对个人发展、学习的影响如下图8-1所示：

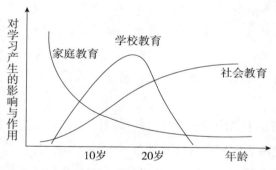

图8-1　家庭教育、学校教育和社会教育对个人发展、学习的影响

（一）家庭教育是基础

家庭教育是一切教育的基础，对人的一生发展有着重要的影响。家庭教育是儿童接触最早的教育。在整个教育体系中处于基础地位，是一切教育的根。每个人从一出生，就要受到家庭成员、家庭环境、家庭文化氛围的熏陶和影响。在家庭生活与人际交往中获得知识经验，形成情绪、情感，养成伦理道德和文明习惯，并在此基础上走出家庭，进入学校，步入社会。

此外，家庭教育由家长亲自实施，内容、方法都具有强大的灵活性、连续性和广泛性。家长和子女之间易于沟通，针对性强，可以有效地进行因材

施教，遇物而诲，在儿童智力发展初期起到了决定性的作用；对儿童以后更好地接受学校教育、参与集体生活具有极大意义；同时对于儿童日后参与社会生活的态度、能力及所发挥的作用具有重要意义，在社会生活中处于不可替代的战略地位。

所以，要充分重视家庭教育对人早期的启蒙和长期的潜移默化的作用，将其置于整个教育的基础地位。

（二）学校教育是主导

学校教育在家庭教育、学校教育、社会教育三大教育体系中承担着发展儿童智力、传授科学文化知识的任务。学校教育面对的是正在茁壮成长的儿童和青少年，这段时期是人一生成长当中最关键也最重要的阶段，人的很多种品格都形成于此。学校教育在整个教育体系中处于主导地位。

这是因为：一方面，学校具有集中教学的条件，设施齐全，开设科目种类繁多，能够照顾到多方面的知识教育，而且师资建设训练有素，能够以最科学、最有效的方法启迪儿童、培养儿童，使全面发展儿童的智力成为可能。另一方面，学校教育具有明确的培养目标、教学计划及周密的课程安排，教学进度快慢适宜，保证了教学的科学性，使儿童的智力发展按照从感性到理性、从形象到抽象的轨迹向前运动。最后，学校教育的另一个优势在于系统性强。这不仅指教学内容全面，还表现为教育程度逐渐提高。因此，学校教育是智力发展的载体，它的重要程度是任何一种教育形式都无法比拟的。

（三）社会教育是家庭教育和学校教育的扩大和补充

随着人年龄的增长，与社会联系逐渐加深，社会教育对人的影响逐渐由弱变强。社会是一种持续时间长、影响广泛的终身教育形式。它与家庭教育和学校教育共同构成整个教育体系，同时它又是教育体系中最综合、最全面的一个。它既可以弥补学校教育在知识教学方面存在的不足，又可以广泛地开展道德品质教育和价值观教育，使人在自身能力、感情道德的发展中愈加成熟完善。在当代科技发展迅速的今天，仅仅靠在学校里学到的知识已经远不能适应社会的发展。我们需要的是一种从母腹到坟墓的终身教育。

1. 社会教育具有持久的连续性。在时间、形式、内容、方法、手段上，对青少年的发展起着连续、持久的影响。

2. 社会教育还具有丰富性和复杂性。不具有统一的上课时间和课程，不具有一定的强制性和确切性，完全是由受教育者在已有的教育水平和各个方面素质的基础上，根据个人的兴趣、爱好、特长，自主选择教育的形式和内容，经过自己的思考、判断确认符合自身所需的，加以接受并付诸行动，逐渐成为自己的思想倾向、行为习惯，从而培养和提高自身的识别能力和自我教育能力。

在经济全球化、社会学习化以及教育国际化的背景下，社会教育贯彻了终身教育的理念，能更好地促进人的发展。它的作用是无法用其他教育形式来替代的。

（四）注意三大教育之间的一致性与连贯性

教育中有一条原则就是"教育的一致性与连贯性"，强调的是各类教育之间要处理好彼此之间的关系，要经常交流。在对儿童的教育上要"一致"，不能让儿童在学习与成长中"左右为难"；家庭中父母与学校里的老师都"各持己见"、学校中的学习内容又与社会中的直接或间接经验相脱节。尤其在高中之前，孩子的世界观、人生观、价值观还没有形成，这三大教育缺乏"一致性与连贯性"，是不利于他们成长的。

三大教育在注重交流与联系的同时更要注意发挥各自的独特作用，"各展所长，相互合作"，才会更好地促进人的成长。三大教育虽然都各有其特点，但它们具有内在统一性，共同致力于人的学习与发展。三者应该是互为补充，相辅相成。其中家庭教育是纽带，它有强烈的主动性，基础是父母对子女无条件的爱，只要是对自己孩子有益的，家长们都愿意去配合，所以，这为三大教育能"强强联合"提供了前提。另外，学校教育是个"中间地带"，处在家庭教育与社会教育之间，它能综合各方面的优势资源来促进儿童发展，例如，通过与家长沟通，了解儿童的一些特点便可适宜因材施教；通过与社会接触，来调整教育内容，以便让学校教育和儿童的发展跟上社会进步的节奏。"一致性与连贯性"是三大教育必须坚持的一项原则，它能使三大教育形成最大"合力"，以促进人的发展，从而促进社会进步。

二、家庭教育的重要性

家庭教育是一切教育的基础，也是儿童步入这个世界所接触的最早的一种教育形式。早在学校还没有出现时，大部分儿童所接受的都是家庭教育。无论是在我国还是在西方等其他国家，家庭教育一直是促进我们人类发展与成长的教育形式之一。随着历史的演进，学校教育诞生，虽然它并没有取代家庭教育，但是我们的家庭教育渐渐退居次要地位，我们把对下一代教育的大部分责任交给了学校，学校教育承担着教育儿童的主要责任。

但是，笔者认为，在这三大教育中家庭教育作用的潜力并没有被完全发掘。就当前而言，家庭教育发挥的作用远远不仅如此。

良好的家庭教育为儿童和青少年的成长发展奠定良好的基础，对家庭的美满、幸福和社会的稳定、进步也具有深远的意义。从系统论观点看，家庭教育和学校教育、社会教育是教育系统的重要组成部分。家庭教育在教育系统中，有其特殊的地位和作用。

（一）家庭教育的基础地位

儿童和青少年的成长、发展有赖于家庭、学校、社会的教育，三者相互依赖、相互联系、相互制约，但不可能相互替代。在教育系统中，家庭教育是整个教育的基础。对家庭教育这一定位，可以从以下几个方面来理解：

1. 家庭教育是人生最早、最初接受的教育

在儿童的早期发展中，家庭教育起着决定性作用，人们常说的"家庭是人生第一所学校"、"父母是儿童的第一任老师"，表达的就是这一层意思。除了颇有争议的"胎教"外，整个婴幼儿时期，孩子主要是在家庭中

接受父母或其他年长者的抚养、教育，从逐渐学会吃、喝、拉、撒、睡等生活第一需要的最基本的能力和知识，到逐步学会说话、走路、做事、交往，乃至初步参与社会生活，养成某些习惯、个性品质和为人处世的态度、方式。家庭教育从时序上看，是最早的；从内容上看，则是最基本的。

在家庭教育或者活动中，作为儿童的启蒙老师——家长，更容易发现儿童的智能不平衡性，对于儿童的强项智能，挖掘并充分发挥；对于儿童的弱项智能，不急不躁，给予应有的指导，用行为主义的教育方式给予锻炼和强化，但是不能拔苗助长，要等待儿童的弱项智能发展到正常水平。

家长一般可以通过儿童表现出来的能力推断出儿童的强、弱势智能，以便"对症下药"，再通过行为主义等理念进行教育。

2. 家庭教育是学校教育和社会教育的基石

人们开始接受学校教育和社会教育有早有迟，但儿童进入幼儿园、小学后，除了某些特殊情况，即使是全托、寄宿，一般相当多时间还是生活在家庭中，接受来自父母或其他年长者的抚养、教育。毕竟，家庭是儿童生活时间最长的地方，是儿童情感的寄托所，也是最自在最能做自己的场所，在家庭生活里，孩子会暴露出自己的一些问题与缺陷，也会展现出自己的特长，这些在家长的关注与教育下，可以得到有效的发展或是问题的纠正。家庭教育也能及时发现问题，然后协同学校解决问题。

而学校教育和社会教育，哪怕是中等教育、高等教育，都必须以家庭教育为前提，在家庭教育的基础上实施，争取家庭教育协同；其功效如何，在很大程度上也取决于家庭教育的状况。

3. 家庭教育影响着人一生的发展

家庭教育不仅是人生最早的教育，是学校教育和社会教育的基石，而且人们在家庭中逐渐学到的能力、知识，养成的习惯、个性品质，尤其是为人处世的态度、方式，直接影响其以后一生的发展。至于伴随着人生发展的"终生教育"的重要组成部分——各种形式的继续教育，同样离不开家庭教育这一"基石"。

（二）家庭教育重大作用的发挥

1. 三大教育中，家庭教育应充分发挥其主动性、纽带性作用

当今社会，各种获取信息的渠道畅通，学校面临着来自多方面的压力和挑战。家庭作为儿童教育过程中的重要力量，与学校的合作受到广泛的重视；而家庭为弥补学校集体教育的不足，也积极主动地配合学校。

第 44 届国际教育大会颁布的《综合行动纲领》中倡导："就学校和家庭之间的协作而言，应该采取措施以鼓励家长参与学校的各项活动。"

2. 家庭教育应该是一场"持久战"

家庭的教育职能是同家庭共始终的。父母对子女既是第一位教育者，也是终身的教育者。子女从小在父母身边长大，个人的行为、理想以至职业选择、终身大事，均听从父母的教诲和正确指导；直至以后生活独立，成家立业，仍旧与父母保持密切联系，在一定程度上接受来自父母的影响。尤其是在中国，家庭观念很重。家庭中的教育者与受教育者在不断转化，一个人结了婚，有了子女，自己成了当然的教育者，但只要父母健在，他就既是教育者，又是受教育者。从这个意义上说，父母对子女的教育是持久的、连续的以至终身的。家庭教育的终身性有利于增强父母教育子女的责任感，有利于父母同子女的思想沟通和对子女的深入了解，从而随时随地有针对性地给予教育。古语"养不教，父之过"、"知子莫若父"，正说明了这个道理。但终身性这一特点，也容易使父母滥用权威，对子女过度支配；满足于对子女表面的理解，忽视他们的性格与能力；在几世同堂的家庭里，还容易产生教育上的不一致，导致儿童心理障碍。

3. 家庭教育应与学校教育、社会教育"和而不同"

家庭教育要坚持自己的"个性特点"，不要完全跟着学校教育步伐，给儿童过多的课业压力，而是要注重儿童的实践、审美能力及儿童的创造性发展、道德方面的教育。

家庭教育不同于学校教育且优于学校教育的方面在于，家庭教育具有个别性。家庭中，父母面对的是为数不多的子女，采用的教育方式基本上是个

别施教。由于长期的共同生活，父母对子女的身体、能力与性向较为了解；由于子女在家庭里较为随便，各种思想行为也比较容易如实表现出来；有的儿童出于对父母的依赖、敬佩，还能主动地把自己内心的想法向父母诉说，这些都有利于父母进行个别培养、因材施教。父母既可以及早发现儿童的兴趣、才能，加以培养，使潜能得以充分发挥；还可以对儿童的问题、弱点，有针对性地进行教育，以收到"长善救失"的效果。

但是，近年来"家庭学校化"的情况越来越严重，即"家庭教育放弃本来的职能而成了学校教育的承包机构，儿童因而受到挫伤，形成变态，被剥夺了多样的发展的可能性"。好多家长，一味地迎合学校教育，在学校教育"异化"的同时，家庭教育非但没有对此提出警告，反而是在附和。学校在"应试教育"的压力下，主要以"智育"为主，好多促进儿童全面发展的课程被大大削减，好多学校的综合实践课程都被莫名地取消了，儿童的课业压力重，自由活动时间很少。回到家里，家长也跟着学校的脚步走，给孩子报各种辅导班、各类家教，不给儿童自由，这就歪曲了家庭教育与学校教育的一致性，使家庭教育成为学校教育的附庸。如此一来，儿童的其他智力与能力的发展便会受到阻碍，学校教育本来已经够狭隘了，家庭方面又没有补充，这是我们当前教育的一大悲哀。

笔者比较欣赏美国的家庭式教育，他们尊重儿童，教育方式民主，最重要的是他们并不以学校教育为主。在美国，父母希望把自己的孩子锻炼成一个生活自理的独立人。为了达到这个目的，当孩子还年幼的时候，父母就给他们布置一些任务，并要求他们独立完成。这是从锻炼儿童的独立生活能力出发，对儿童的教养采取放手而不放任的方法。所谓放手，即从孩子出生，父母就设法给他们创造自我锻炼的机会条件，让他们在各种环境中得到充分锻炼。在学习方面，父母一般都很少监督孩子作业是否已经完成，相反，他们更注重培养孩子动手和独立思考的能力，注重发挥他们的天赋。

在中国，有些学者经过调查尖锐地指出，中国家长很容易被大众传播的假象迷惑。因为他们既不是考试升大学的当事人，又很少获得有关这方面的正确信息，家庭教育已日益变态，甚至可以说几乎濒临危机状态。它同

"智育第一"的现象如出一辙，应当说这是富有讽刺意味的现象。

由此可见，我国现代家庭教育问题逐渐突出，学校教育的一些功能正在逐步向家庭教育转移，家庭教育的责任越来越重，父母是否做好这样的准备，尤其是对儿童教育的认识是否提高，这将决定下一代是否健康成长。家庭教育应该有自己的一些"个性"与特点，与学校教育"和而不同"，更应该是互补的关系，共同努力，更好地促进儿童的全面、健康发展。

三、启示——来自一些家庭教育的事例

（一）家庭教育在人一生发展中的作用是不可估量的

一个家族的始祖是 200 年前康涅狄格州德高望重的著名哲学家嘉纳塞·爱德华。由于他重视子女的教育，并代代相传，在他的八代子孙中共出了 1 位副总统、1 位外交官、13 位大学院长、103 位大学教授、60 位医生、20 多个议员……在长达两个世纪中，竟没有一人被关、被捕、被判刑。

另一个家族的始祖是 200 年前纽约州的马克斯·莱克，他是个臭名昭著的赌棍加酒鬼，开设赌馆，对子女教育不闻不问。在他的八代子孙中有 7 个杀人犯、65 个盗窃犯、324 个乞丐，因狂饮夭亡或成为残废者的多达 400 多人。①

这两个家族的八代发展史告诉我们，家庭是子女的第一个"学校"，父母是孩子的第一个"老师"，潜移默化的家庭教育及影响将会直接关系到子女的道德品质、法纪观念、人生观等的形成。

国外流传着这样一首育儿歌："挑剔中成长的儿童，学会苛责；敌意中

---

① 参考 Grace：《中外家庭教育成功案例》，2012 年 6 月 27 日，见 http：//wenku. baidu. com/link？ url ＝ 8kTlxhzqESKgL-Otpqhlu9l2lrCaWWRheq5kmlTa8 _ UC0xytmf5zN2tg0eauVj9BnUYzHvOL-qzAkQ4F4a_ GSkkds-_ mjtRT91dAD335yaK。

成长的儿童，学会争斗；讥笑中成长的儿童，学会羞怯；羞辱中成长的儿童，学会自疚；宽容中成长的儿童，学会忍让；鼓励中成长的儿童，学会自信。"这首育儿歌，含有丰富的哲理，说明家长的教育思想、教育态度和教育方法等对儿童的身心发育都有密切的关系。

（二）张弛：剑桥大学有史以来最年轻的中国籍博士生，年仅 22 岁，家庭教育的"奇迹"

他的成长和培养，是普通人可望且可及的。他的父亲张明山谈到对儿子的家庭教育时，一连说了几个"要"和"不要"："在学习之前，一定要培养孩子的自信心和求知欲，一定要培养孩子良好的学习习惯和克服困难的能力，不要把孩子推给学校就不管了。要配合培养，不要让孩子一味依赖父母的指导，不要打击孩子的信心。"因此。他在实践中注重了以下几点：

一是孩子良好习惯的培养；二是孩子学习情感的培养；三是教育孩子学会做人及爱心的培养；四是独立意识的培养；五是与孩子平等沟通、"面与面"地交流；六是对孩子实行积极暗示；七是适时适度夸奖和欣赏孩子；八是培养自信，培养孩子劳动意识、吃苦精神、刻苦学习；九是培养和提高孩子的综合素质；十是家校实施教育一致。①

该家庭的实践经验和结果证明了美国哈佛大学心理系教授丹尼尔·戈尔曼的一句话——"人的成功，智商指数只占20%，而情商等因素占80%"。

（三）郑春华：大头儿子的妈妈，做一个称职的家庭成员

有这么一组数字：《大头儿子和小头爸爸》系列书累计印数近

---

① 参考 Grace：《中外家庭教育成功案例》，2012 年 6 月 27 日，见 http：//wenku. baidu. com/link？ url ＝ 8kTlxhzqESKgL-Otpqhlu9l2lrCaWWRheq5kmlTa8 ＿ UC0xytmf5zN2tg0eauVj9BnUYz HvOL-qzAkQ4F4a＿ GSkkds-＿ mjtRT91dAD335yaK。

300 万册，156 集同名动画片在多家电视台热播；有这么一件趣事：曾有个小男孩气呼呼地对父亲说："你再打我，我就不要你了，去找'小头爸爸'。""大头儿子"这个大脑瓜里装满奇思妙想的孩子，和他的小头爸爸、围裙妈妈一起，演绎了一个个温馨美丽的故事，打动了千千万万孩子的心。生活中真的有大头儿子吗？大头儿子的妈妈——作家郑春华生活中又是怎样一位母亲呢？创作的灵感确实源自这位女作家的大脑袋儿子。①

与《大头儿子和小头爸爸》里温馨快乐的家庭不同，郑春华觉得自己的童年充满爱的缺失和遗憾。那时工作忙碌的父母很少陪伴她，她最羡慕的是牵着父母的手的邻家小女孩。所以，当儿子出生，她想得最多的不是让他吃什么、穿什么、学什么，而是怎样去发现他、读懂他、理解他。

儿童的优点永远比缺点多。 和所有的儿童一样，大头儿子成长之路也有磕磕绊绊。进入小学不久，郑春华就发现个性很强的儿子和老师相处不太协调。郑春华从儿子每天上学前的"吻别"，意识到儿子的焦虑。儿子和所有从幼儿园升入小学的孩子一样，心灵正面临着巨大的转折。她决定为儿子换个班级，可儿子却不愿意，垂下了大脑袋："新老师不会要我的，我很皮的。"郑春华耐心地说："我见过新老师了，她只相信自己的眼睛。你有信心吗？"儿子点点头，满怀信心地去新班级了。当妈妈的当然知道，换了班级儿子还会遇到各种挫折，儿子这个班里调皮蛋的"四大天王"，怎么改得了顽皮的天性？关键是保护好孩子的自信心。"你的优点比缺点多"，这是郑春华家长会回来经常说的话，她总是想方设法让儿子相信老师是喜欢他的。每当听到这话，儿子黑亮的眼睛瞬时放

① 参考 Grace：《中外家庭教育成功案例》，2012 年 6 月 27 日，见 http://wenku.baidu.com/link? url = 8kTlxhzqESKgL-Otpqhlu9l2lrCaWWRheq5kmlTa8_ UC0xytmf5zN2tg0eauVj9BnUYzHvOL-qzAkQ4F4a_ GSkkds-_ mjtRT91dAD335yaK。

出异样的光彩。

发现儿童，读懂儿童。 那天，儿子告诉她，他喜欢班上的一个女孩，因为那女孩像小猫似的很温顺，还建议妈妈去看一看。过了不久，儿子又说，自己长大了要和那个女孩结婚。郑春华一点都不大惊小怪，而是说："可以啊，等你到了结婚的年龄，如果你还喜欢她，妈妈完全同意。"儿子开心地倒在床上。当儿子童言无忌时，郑春华不但没有责怪儿子，而是为儿子已经知道去"爱"别人而欣喜。她深知，一个生活在浓浓爱意氛围中的儿童，爱的种子会不知不觉在心中发芽。

对于儿童，理解并不意味着迁就。 一次，儿子在班上吃东西，班主任走过去，儿子指着前面的女孩，说是她给的，老师便过去批评那位女生。郑春华刚好目睹了这一切，心里挺不是滋味。虽然儿子的举动可能是无意识的，但懂得承担责任比功课优秀更重要。她考虑了整整一星期，给儿子讲了一个故事：妈妈单位里搞活动，妈妈在车上拿出一包话梅分给大家吃，结果有位同事吃完了就把核吐在地上。社长看到了过来批评她，她说话梅是妈妈带来的。社长就过来批评妈妈了……儿子的脸涨红了，说："这是叛徒行为！"郑春华立即不失时机地说："那你好像也当过这样的叛徒。"儿子眨着黑亮的眼睛，若有所悟。她相信，虽然儿子还小，但以后遇到负有责任的事时，也会勇于承担。父母要和孩子共同成长。

通过儿童的外在行为表现，看到儿童的优点和缺点，仔细分析，做一个善于观察和琢磨的父母，根据儿童智能（特点）的不同、性格的不同，对症下药，有的放矢地进行家庭教育，做一个合格的、称职的、有所作为的父母。在此方面，郑春华是值得我们学习的。

（四）陈鹤琴的教子之道：找到一座教育儿童的桥梁

著名教育家陈鹤琴在对自己孩子细心观察的过程中发现，音乐是孩子们生来喜欢的。小孩出生不久，就能"欣赏"音乐了，他会听母亲哼着催眠曲而恬静地入睡。再大一些，更喜欢听各种优美的声音：听到节奏欢快的音乐，他会手舞足蹈；在吵闹中，听到抒情的乐曲，他也会渐渐安静下来。两三岁时，能用手脚随着音乐做节奏动作。等到进了幼儿园，他对于音乐的需求范围变得更大，听见人家唱歌，看见他人奏乐，甚至黄鸟儿在枝头吱喳吱喳地鸣叫，微风把叶儿吹得哗啦哗啦地响，他都会留意倾听。这一切音乐的律动和歌声抑扬的曲调都会吸引他。他常常不由自主地摹仿，不时地叫着唱着，哼着不成调的曲子。到了小学，更知道怎样利用他那颇有天赋的歌喉和节奏积极、主动地参加各种音乐活动了。平日里无论是游戏、走路或休息，都本能地爱唱着歌，表现出音乐的律动。

陈鹤琴因此得出结论：喜欢音乐是孩子们的天性，音乐在孩子们的生活中占有极重要的地位。为此，他有意识地用音乐来丰富孩子的生活，其中，最让孩子们感到其乐无比的是晚饭后的家庭音乐会。这使其强项智能不断得到强化、锻炼，增加孩子音乐方面的智力和能力。

陈家居住在上海寓所时，每天晚饭之后的一段时间，往往是一家人最热闹、最快乐的时光。这时候，七个子女和爸爸妈妈聚在一间屋子里。妈妈和大女儿弹琴，大家一起唱歌。唱中国歌曲，也唱外国民歌。一首唱罢一首又起，歌声琴声，汇成了一种和谐欢快的气氛。有时候，孩子们要求爸爸表演。陈鹤琴就弹起那把从美国带回来的曼陀铃，唱在英国曾同黑人一起弹唱过的民歌。孩子们或托腮静听，或轻轻哼唱。陈鹤琴的嗓子并不算太好，但他激情饱满，唱得非常投入，具有感染力。陈鹤琴说："家庭中有了歌声，如有了生气一般，试想一个家庭，吃完晚饭后，父母子女团聚一室，同唱同歌，这是何等有趣的事情！一日之间，有了这种团聚，不但于精神上发生无穷的快乐，感情上也可更加融洽，所以家庭中不可没有乐歌。"①

总之，孩子的成长应有音乐的环境。今天，许多家长都非常重视对儿童进行音乐教育，认识到音乐在陶冶情操、开启智力、促进儿童全面发展等方面的作用。然而，压抑限制儿童对音乐的欲望和需要，以及不顾幼儿身心特点、拔苗助长、扼杀兴趣的做法也还是屡见不鲜。愿陈鹤琴的儿童音乐教育思想能够带给我们思考和启迪；愿更多的家长能顺应和发展儿童的天性，找到儿童的强项智能，使其得到锻炼、强化，增长强项智能方面的智力和能力。让音乐伴随儿童健康成长，成为国家栋梁之才。

（五）赵氏家教经走俏美国：以身作则，为儿童树立榜样

时任美国总统的布什曾提名赵小兰担任新政府劳工部长，并获得参议院通过，赵小兰成为美国历史上第一位担任内阁部长的美籍华人。赵小兰的经历被认为是最成功的美国故事之一。而赵氏家族将中国优秀传统与西方社会的管理方法结合的家庭教育方式，更被美国侨界推崇备至。"没有那样成功的家庭教育，很难有赵小兰今天的成就。"一些苛刻的媒体谈及赵小兰的成功时也无不赞扬道："赵小兰那种不亢不卑、带有适度的矜持与华裔尊荣的气质，来自她那特殊的家庭教育。"老布什在任时曾对太太芭芭拉强调，应该向赵家学学怎样教育儿童！赵小兰的父亲赵锡成，早年毕业于上海交通大学，曾任交大美洲校友会董事长，后担任美国福茂航运公司董事长兼总经理，成为航运财经界的名人。

1963 年，赵小兰随父母移居美国。"我开始上三年级，一个英文单词也不会，每天我就把黑板上的所有内容抄下来。"赵小兰说，每天晚上，辛苦工作一天的父亲要把所有内容译成中文，让她

---

① 参考 Grace：《中外家庭教育成功案例》，2012 年 6 月 27 日，见 http：//wenku. baidu. com/ link？ url ＝ 8kTlxhzqESKgL-Otpqhlu9l2lrCaWWRheq5kmlTa8 ＿ UC0xytmf5zN2tg0eauVj9BnUYz HvOL-qzAkQ4F4a＿ GSkkds-＿ mjtRT91dAD335yaK.

明白课程的内容。

此外，赵家教育孩子有这么几个细节特别让人注意：1. 孩子们在外的花费，不论大小，都要拿收据回家报账。2. 赵小兰念大学时还向政府贷款，靠暑假打工还钱。3. 对孩子的学习，父母从不含糊："你们要学东西，绝对不省。只要既然说要学，就有责任学好！"赵小兰多才多艺，能打高尔夫球、骑马、溜冰、弹得一手好琴，都得益于特殊的家庭教育。4. 要求孩子自己洗衣服、打扫房间。闲暇时，还要六个孩子分担家里的琐事。5. 赵家极少开电视，母亲跟着孩子一起读书，父亲处理公务。6. 他们每年安排两次全家旅游，从选择地点、订旅馆房间，乃至吃饭的餐馆，完全由孩子自己负责。7. 每个星期天，午餐后的点心时间，则举行每周一次的家庭会议，每个孩子自己说自己新的想法、收获、提出计划。当人们惊讶赵家姐妹的纪律与服从的时候，要知道那是经由亲子间充分沟通所获得的共识，如同她母亲所讲："家园！家园！这个园地是一家人的，每个人都有责任！"赵小兰的母亲朱木兰女士，在50多岁以两年全勤的纪录，获得了硕士学位。①

（六）著名作家莫言和才女管笑笑：后天环境与氛围的作用不容忽视

莫言，山东高密人，我国当代著名作家。莫言的女儿管笑笑受到父亲的熏陶从小偏爱文学艺术。2003年初，管笑笑以一本笔调冷峻的《一条反刍的狗》作为处女作杀入文坛。这本描写大学校园生活的小说很快被读者看好。

"书痴" 父女的日常生活

身为作家的莫言，喜爱读书自不必说；受父亲的影响和家庭氛

---

① 参考 Grace：《中外家庭教育成功案例》，2012年6月27日，见 http：//wenku. baidu. com/link？url = 8kTlxhzqESKgL-Otpqhlu9l2lrCaWWRheq5kmlTa8 _ UC0xytmf5zN2tg0eauVj9BnUYz HvOL-qzAkQ4F4a_ GSkkds-_ mjtRT91dAD335yaK。

围的浸染，笑笑自小也爱读书。这对"书痴"父女的家里面，各种各样的书籍可以说是最常见的东西。在读书买书这件事情上，笑笑和老爸可以说是"心有灵犀"：每当在书店看到可能会对老爸创作有用的书，笑笑就会毫不犹豫买下来；碰到自己也爱看的，她会一次买两本。而莫言在逛书店时，也会如此考虑。曾经有过几次，父女竟都因为出于为对方考虑而一次买两本相同的书，结果到家一碰面，一本相同的书竟买了四本。

每天晚上，吃罢晚饭，莫言总要和妻子相携下楼散步一个小时，这个多年保留下来的习惯雷打不动。有时候，笑笑也会跟父母一起散步。散步对莫言的精力调节很有帮助，此刻的他完全放松身心，很少说话，只是步履缓慢地前行。跟在身后的笑笑总会猜测：不知道此时的老爸大脑中是一片安静和空白呢，还是已经进入了自己的创作世界？除了读书之外，莫言还喜欢听音乐，他喜欢国粹京剧和外国的古典音乐，家里各种音乐CD至少有400多张。爱听京剧的莫言和不听京剧爱看电影的女儿有时也会因争抢电视频道而发生"战争"：笑笑想看电影频道，莫言想看戏曲频道，父女俩就会半真半假地闹着争频道，而争执的结果往往是这样的：父亲爱女儿，想满足女儿的愿望；女儿心疼老爸，希望老爸能够开心。

用毛笔给父亲写信

2000年，笑笑离开了父母宠爱的怀抱，进入山东大学外语学院读书。在大学校园里，笑笑利用一切能够利用的通信工具来与父母交流：打电话、发电子信件、手写书信……笑笑对手写的书信情有独钟，她喜欢用这种质朴的方式来和父母交流，倾诉对他们的思念之情。说来让人称奇：笑笑不仅用钢笔给父亲写信，还常用毛笔将信写在宣纸上。为了写信，她会特意去文具店买四五角钱一张的宣纸。读大二时，笑笑用宣纸写了一封几百字的信，写得她汗流浃背，待墨迹晾干后叠得方方正正，笑笑将厚厚的信寄给了父亲。收到这封信后莫言深为感动，他把信贴在客厅的墙壁上，每天闲暇时就站在旁边细读品味。逢到家里来了客人，都会惊奇于这封信，更羡慕莫言有一个如此有心又如此爱他的女儿——能够静下心来用毛笔写上几百字的信，孩子对父亲的感情可想而知！其实莫言的小楷也写得刚劲有力、流畅自然，煞是漂亮，他给女儿回信时，也时常用这种小楷。笑笑的同学见到信封，见字写得那么专业，还以为笑笑的父亲是美术老师呢。

笑笑说："就算我是莫言的女儿，如果我写的是一堆垃圾，人家凭什么接受？"2003年初，《一条反刍的狗》由春风文艺出版社出版发行，在读者中引起不小的反响。女儿有出息了，父亲也没有闲着。2003年7月，莫言潜心两年完成的长篇小说新作《四十一炮》在同一家出版社出版。这对父女作家，看来是较上劲了。[1]

（七）陈景润育子有方：善于发现儿童的一些独特之处，也许这就是儿童以后的发展所在，独特之处（强项智能）是可以通过外显的行为与能力发现的

陈景润不仅是数学奇才，在教育孩子方面也有独特的见解。儿子名叫陈由伟。陈景润对儿子的培养方法是：民主对待儿子。家庭民主，父子民主，母子民主，使孩子能自由自在成长，使他的思维方法更具有个性。陈景润认为，儿童有个性才能成才，文艺家、政治家、科学家都靠个性的发展才获得成功。陈景润希望儿子将来也当科学家。

陈由伟天生聪明，幼儿时期就好奇地把玩具解剖——拆开看个

---

[1] 参考 Grace：《中外家庭教育成功案例》，2012年6月27日，见 http：//wenku. baidu. com/link？ url = 8kTlxhzqESKgL-Otpqhlu9l2lrCaWWRheq5kmlTa8 _ UC0xytmf5zN2tg0eauVj9BnUYz HvOL-qzAkQ4F4a_ GSkkds-_ mjtRT91dAD335yaK。

明白。一个玩具几十元，当母亲的便拉下脸来严肃批评儿子。这时，陈景润总是乐呵呵地站在儿子一边说："儿子有好奇心是件好事。他能拆开玩具证明他有求知欲望，能研究问题。当父母的要支持他才对。"儿子上小学后，常常向陈景润谈自己的事，学习、劳动或与同学的往来。陈景润认真听着，然后为儿子当参谋，或表扬或批评纠正。很快，他就获得了儿子的信任，和儿子成了朋友。陈景润认为，教育培养儿童，要因人而异，不同环境、不同性格，教育的方式方法也要不同。这正是陈景润的过人之处。他曾欣慰地讲，教育儿童要灵活，要分阶段。儿童的成长与教育方法分不开。这是经验之谈，值得广大父母借鉴。①

（八）卡尔-威特的教子理论：珍惜与培养儿童的天赋

从智能发展的不平衡理论来看：小卡尔的智能发展可能与其他同阶段的儿童存在差异；父母对儿童智能的正确把握是关键；智能只是一种可能性，后天教育会为智力与能力的发展创造"神话"。那么，我们来看一下卡尔-威特是如何教育孩子的。

卡尔-威特的儿子小卡尔，是 19 世纪德国的著名天才，八九岁时能自由运用六国语言，16 岁获得法学博士学位。然而，谁会相信，这样一个禀赋极高的孩子出生后并未表现出怎样聪明，相反却被认为是痴呆儿。奇迹的发生在于他父亲的教子有方。卡尔-威特有一套被世人称为经典的早期教育理论。

1. 教育儿子先从母亲开始。历史上的伟人都拥有一个善于教育孩子的母亲，母亲在孩子的成长过程中发挥着不可替代的作用。如果母亲只关心孩子的健康，而忽略孩子品德的形成和智力

---

① 参考 Grace：《中外家庭教育成功案例》，2012 年 6 月 27 日，见 http：//wenku. baidu. com/ link？ url = 8kTlxhzqESKgL-Otpqhlu9l2lrCaWWRheq5kmlTa8 _ UC0xytmf5zN2tg0eauVj9BnUYz HvOL-qzAkQ4F4a_ GSkkds-_ mjtRT91dAD335yaK。

的发展，那就是错误的、不负责任的行为。卡尔·威特说，小卡尔的母亲勇敢和快乐的精神深深地影响着儿子，使儿子后来步入社会时，即使遇到困难，也无所畏惧，永不失望。卡尔·威特认为，母亲的工作不能由旁人代替，孩子的教育必须由母亲承担，把自己的孩子托给他人，恐怕只有人类才这样做，这种做法有失天性。

2. 催逼会毁灭天才。生下来就具备高超禀赋的儿童，再施以高明的教育，他的前途将不可估量。但父母对天才的教育往往是失败的，父母往往只着眼于儿童的天赋，而不注重全面的培养。对儿童要求过高，施加压力过大，这样做多半使儿童半途而废。

3. 儿童潜能递减法则。儿童具备潜在能力，但这种潜在能力是遵循递减法则的，注重儿童不同的智能发展阶段，如果从一出生就给他进行理想的教育，那么他的潜在能力就可能达到100度。如果从5岁开始教育，即使是施以最优秀的教育，他的潜能也只能达到80度。而从10岁开始，不管教育方法怎样好，潜能也只能达到60度。也就是说，教育开始得越晚，儿童的潜在能力实现得就越小。

4. 不要让儿童的精力只用于消化。卡尔·威特说，儿童出生后的头半个月，我们坚持定时给他喂奶、喂水，使他的生物钟一开始就形成规律，直到他能吃饭后，两顿饭之间仍然只许喝水不许吃别的，免得他的胃老是得不到休息，血液总是在胃部工作而不是集中在大脑。如果让儿童的精力只用于消化，那么大脑就不会得到很好的发展。

5. 愉快是健康的关键。儿童生活的环境，如果气氛阴郁，儿童必然会消化不良，身体不健康。因此，儿童居住的房间从最初起就应该是令人心情愉快的。卡尔·威特说，天气晴朗时，我们经常把孩子带到田野里，让他眺望绿色的原野。天气好时，经常让他在屋外睡觉，以便接受阳光沐浴，呼吸新鲜空气。在婴儿睡觉时，我们决不把它裹得紧紧的。每天都坚持给孩子洗澡、按摩手脚，这样既能发展他的触觉，也能促进血液循环和肢体的灵敏度。①

（九）漫画大师蔡志忠的教女秘方：老子的"无为而治"

在没有发现儿童特殊天赋时，要学会"不加施教"，适当地营造环境，尊重儿童的选择，让儿童根据自己的能力来选择，也就是根据自己的几项优势智能来进行选择。

蔡志忠喜欢狼，"是狼启发了我"，他始终这样认定。蔡志忠相信，狼在大自然那极度恶劣的生态圈中一代又一代所形成的顽强竞争力，正是得益于"不加施教"。所以，他决定对女儿也"不加施教"，让女儿自己拿主意。

一次数学考试竟然考了个零分！妈妈在旁又气又急，好脾气的父亲却并没有怎么骂她。他一边安抚妻子不要太焦虑，一边郑重其事地和女儿讲，要不要做功课，要做什么才好，你自己判断。

一家子后来移民加拿大，到了周末，当女儿缠着说要开车郊游时，父亲还是让女儿自己拿主意，"那你自己想去哪里？"女儿于是又歪着头，自己来找答案。

在这"不加施教"中，女儿却潜移默化地接受了生存能力的教育，明白了"我想要什么"、"我该怎么做"。②

（十）走近"完美父亲"贝克汉姆：要参与儿童的成长，陪伴重于一切

作为英国最年轻的勋爵、球场上最锐利的屠刀、女性眼中最完

---

① 参考 Grace：《中外家庭教育成功案例》，2012 年 6 月 27 日，见 http：//wenku.baidu.com/link？url = 8kTlxhzqESKgL-Otpqhlu9l2lrCaWWRheq5kmlTa8_ UC0xytmf5zN2tg0eauVj9BnUYzHvOL-qzAkQ4F4a_ GSkkds-_ mjtRT91dAD335yaK。
② 参考 Grace：《中外家庭教育成功案例》，2012 年 6 月 27 日，见 http：//wenku.baidu.com/link？url = 8kTlxhzqESKgL-Otpqhlu9l2lrCaWWRheq5kmlTa8_ UC0xytmf5zN2tg0eauVj9BnUYzHvOL-qzAkQ4F4a_ GSkkds-_ mjtRT91dAD335yaK。

美的王子，著名球星贝克汉姆拥有着太多的光环和荣耀。除此以外，他还是孩子们的父亲。

　　孩子比最重要的比赛还重要。大儿子布鲁克林出生后，贝克汉姆和维多利亚商量的最初决定之一就是，不学其他多数富有而忙碌的夫妇那样去雇用一个专带小孩的保姆，而是决定自己照料儿子。因为一想到布鲁克林会跑到保姆身边，而不是他们中的任何一个那儿去寻求慰藉，他们就觉得可怕。只要时间允许，贝克汉姆会尽可能多地接手照料婴儿，给婴儿喂食、换尿片。[①]

每个家庭教育的方式千差万别，没有一个统一的模式可以重复套用，因为每个孩子都是独特的。每个孩子都有自己的强项智能，都可以成为有用的人才，这需要父母们善于发现，勤于观察，精心培养，创造适合自己孩子成长的环境。

四、行为主义对儿童教育的启示

　　笔者结合儿童智能发展的不平衡理论，分析行为主义对儿童教育的重要影响。

（一）行为主义更加适合0—12岁的儿童教育

　　行为主义强调的是知识的灌输以及不断的强化，以期达到学习的有效性。0—12岁的儿童多以形象思维认识问题，一般来说，这个年龄段的儿童除了生来具有的本能以外，大脑是一片空白或者知识较少，很少独立思考问题。他们的知识来源于家人、老师的灌输，通过不断的刺激—反应来获取知识。

---

① 参考 Grace：《中外家庭教育成功案例》，2012 年 6 月 27 日，见 http：//wenku. baidu. com/
　　link？ url = 8kTlxhzqESKgL-Otpqhlu9l2lrCaWWRheq5kmlTa8 _ UC0xytmf5zN2tg0eauVj9BnUYz
　　HvOL-qzAkQ4F4a_ GSkkds-_ mjtRT91dAD335yaK。

（二）因为儿童智能的发展有早有晚，运用行为主义教育时，还应运用多元智能发展不平衡理论给予指导和关注

每个人都有九项智能，都有强项智能和弱项智能，不能因为儿童某一项或者某几项智能方面做得不好，就认为他是"笨蛋"，从而放弃对他的信心和耐心，很可能因为他在这方面的智能发展较晚。也不能因为儿童某一项或者某几项智能方面做得很好，就认为他是"神童"，从而不注重教育和后天的努力，很可能是他在这方面的智能发展较早。教育要尊重儿童的实际智能水平，在儿童某些智能尚未成熟之前，要耐心地等待，不要违背儿童发展的自然规律，不要违背儿童发展的内在"时间表"。

对智能发展较早的儿童，他的形象思维期提前了，可能在0—8岁左右（因人而异），在给这些儿童进行灌输时，一定要掌握好他自身的年龄阶段。对智能发展较晚的儿童，他的形象思维期拖后了，可能在0—13岁左右，在给这些儿童进行灌输时，也一定要掌握好他自身的年龄阶段。

对某些儿童某些智能方面表现的"聪明"，要给予高度重视，充分认识，或许此类儿童是"天才"，也可能只是这些智能发展较快，提前成熟。因此，进行灌输的时间阶段一定要提前，并且对儿童的评价不能过多地表扬，也不能增加过多的希望和压力，以免事与愿违。

对某些儿童某些智能方面表现出的"迟钝"，更应该给予高度重视，充分认识，此类儿童很可能只是这些智能发展较慢，成熟较晚，家长或教师要给予适当的灌输和强化训练，耐心等待，不要拔苗助长，更不要放弃，因为这类孩子将来可能"大器晚成"。

（三）行为主义教育更加注重知识的正确性、有效性，对儿童后期发展起到至关重要的作用

运用行为主义理论对0—12岁的儿童进行教育，使用的是灌输和强化的方法。灌输什么样的知识、价值观和技能，都值得家长和教师深思。儿童不知道自己学什么，但是家长和教师应该知道，要灌输正确的知识、正确的价值观和人生观，强化正确的、对儿童后期发展至关重要的技能。这样才能培养一个合格的社会公民。

小 结

后天教育在个体一生发展中的作用是不可小觑的。在智能一定的基础上，后天教育对个体的发展有时起着决定性作用。它能使我们的优势智能更优，劣势智能变强，使我们的发展更为全面与完善。

在后天教育中，家庭教育的作用不可忽视。家庭教育的作用在儿童成长的早期尤为明显，儿时的家庭教育是个体发挥优势智能的启蒙和形成初期，具有不可替代的作用，并且家庭教育持续时间长，其作用与影响贯穿人的一生。父母作为儿童的监护人，对儿童有责任也有义务进行教育。需要提醒的是，作为父母要注重方法，注意观察，通过儿童的一些外在行为来发现他们的特点，并由此来教育儿童、启发儿童。同时，在教育儿童方面，要掌握一个"度"，过多的表扬和过多的批评都是不可取的。

学校教育与社会教育对儿童成长与发展的作用同样具有不可替代性。在这三大教育中，家庭教育是基础，学校教育是主导，社会教育是家庭教育与学校教育的扩大与补充。

第九章

打破遗忘规律的科学论证

在儿童的学习与记忆中，如何才能更好地保持所学知识，从而打破遗忘规律？这是很多人在儿童教育中遇到的问题与困惑。这一章笔者在艾宾浩斯遗忘曲线理论的启示下，结合自己的一些实践经验，谈谈在我们的家庭教育中如何打破儿童的遗忘规律，促进儿童的学习与发展。

一、艾宾浩斯遗忘曲线

保持和遗忘是一对冤家对头。若对以前学过的知识能够回忆起来，就是保持住了，如果回忆不起来或回忆错了，就是遗忘。这是学习过程中经常遇到的问题，也是困惑很多人的主要问题之一。输入的信息在经过人的注意过程学习后，便形成了短时记忆，但是如果不经过及时的复习，这些记住过的东西就会遗忘，而经过及时的复习，这些短时记忆会成为长时记忆，从而在大脑中保存很长时间。

德国心理学家艾宾浩斯（Hermann Ebbinghaus）对遗忘现象做了系统的研究，他用无意义的音节作为记忆的材料，把实验数据绘制成一条曲线，称为艾宾浩斯遗忘曲线。见下图9－1：

这条曲线一般称为艾宾浩斯遗忘曲线，也称艾宾浩斯保持曲线，它的纵坐标代表保持量。曲线表明了遗忘发展的一条规律：遗忘进程是不均衡的，在识记的最初遗忘很快，以后逐渐缓慢，到了相当的时间，几乎就不再遗忘

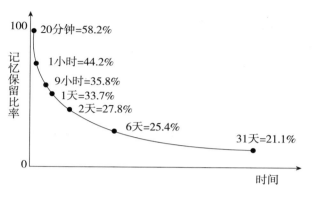

图 9 - 1　艾宾浩斯遗忘曲线 1

了，也就是遗忘的发展是"先快后慢"。一般来说，人的记忆周期是这样的：

1. 第一个记忆周期：5 分钟

2. 第二个记忆周期：30 分钟

3. 第三个记忆周期：12 小时

4. 第四个记忆周期：1 天

5. 第五个记忆周期：2 天

6. 第六个记忆周期：4 天

7. 第七个记忆周期：7 天

8. 第八个记忆周期：15 天。[①]

二、打破遗忘规律的方法

有时候儿童背诵一些知识并不是很困难，尤其是在儿童成长的早期（12 岁之前），儿童受外界环境的影响很大。只要给儿童营造良好的学习环

---

① 参考乐国安：《心理学教授谈记忆魔法——艾宾浩斯遗忘曲线》，《中学生英语》2008 年第 Z6 期。

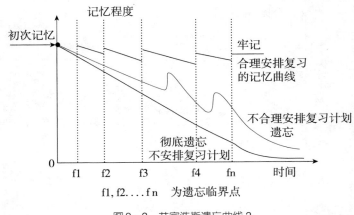

图9-2 艾宾浩斯遗忘曲线2

境，再加上父母的用心引导，让儿童参与背诵并不是一件难事，但是如何让儿童将已经背诵的知识保持住，是家长、老师需要攻克的难题。如上图9-2所示，合理的安排复习计划，把握好遗忘规律中的节点，让记忆的知识牢记。笔者在自己实践经验的基础上，对于如何打破遗忘规律，增加儿童学习的保持量，谈谈自己的拙见。

（一）从人类遗忘的普遍规律出发

根据人类学习的遗忘规律，一般记住后，在5分钟后重复一遍，半小时后再重复一遍，此后的记忆周期都要重复一遍：12小时、1天、2天、5天、8天，14天后再次重复就会记得很牢。因此，为了防止遗忘，在学习时一定要及时复习，并且要遵循"及时复习"、"间隔复习"的原则（如上图9-2）。学习与记忆时，为了长时间保持，复习的时机是非常重要的。当然，以上遗忘规律并不是对所有儿童都适用，但也应该引起人们的关注。在儿童学习的主动性与自觉性还没有完全形成的情况下，家长和老师要帮助儿童及时复习，有规律地去进行，尽量减少遗忘。这也是家庭教育和学校教育的一部分。

（二）从行为主义学习理论入手

在儿童的早期发展中，尤其是在 12 岁之前，行为主义起着主要作用。在学习与背诵方面，我们同样可以从行为主义入手来打破遗忘规律，增加儿童的记忆保持量。行为主义学习理论的三个显著特点是：第一，采用适当的学习材料；第二，小步子；第三，积极强化与反馈。所以，在儿童背诵的同时要结合儿童的发展特点，灵活运用这几个特点。

1. 把握儿童学习材料的性质与数量以及学习的持续时间

（1）学习材料的性质方面

一般认为，比较形象与有意义的材料遗忘得慢，这对于任何人都是适用的。在儿童发展的早期，一些形象性的材料更容易引起儿童的学习与背诵兴趣，教育工作者也一直将"直观性、形象性"原则作为教育教学的黄金定律之一。所以，让儿童记忆与背诵某些知识时，尽量使用一些比较形象的材料。例如，可以用一些形象的图片来引起儿童的兴趣，将一些文字与图片结合起来；也可以将学习内容与儿童的日常生活联系起来，用通俗有趣的事例让儿童记住某个道理。

（2）学习材料的数量方面

12 岁之前，我们不能一次性给儿童太多的学习任务。学习程度相同的情况下，识记材料越多，忘得越快；材料少，则遗忘较慢。因此，学习时要根据材料的性质来确定学习的数量，一般不要贪多求快。

（3）学习的时间方面

12 岁之前，儿童注意力的持久性很短，对某件事的兴趣保持时间也不长。针对这一特点，为了保证儿童记忆的质量，一次背诵与学习的时间也不宜太长，一般保持在 20 分钟以内是最好的。而且固定在每天某个特定的时间段，根据对儿童的了解，选择儿童的注意力较为集中，愿意学习那个时间段来学习。每天如此，就会形成一种习惯，一般来说，一个习惯的养成需要 30 多天，在家长的帮助与坚持下，这并不是一件难事。

（4）学习适度

我们不提倡一次性给儿童太多学习任务，也不支持一次让儿童学习背诵太多的时间。但是，适当的过度学习，对于儿童的学习和学习内容的保持是有一定积极意义的。所谓过度学习，是指在学习过程中对一种材料达到一次完全正确地背诵后仍然继续学习。适当的过度学习可以使学习的材料保持得更好。研究结果表明，适当限度的过度学习比刚能背诵的效果好，但如果超过这个限度，其保持效果不再增加。如学习四遍后恰能背诵，则再学习两遍效果最好，但超过此限度，学习效果则适得其反，对人的身心造成危害。

2. 对学习与背诵结果及时进行反馈与强化

人都是有惰性的，而学习贵在持之以恒。父母一定要注意在儿童表现出积极努力的行为时，要及时给予鼓励：或是精神上的表扬肯定，或是实物的奖品。这样他们就会感到自己被认可，其良好行为会被强化，并不断通过自己的努力追上甚至超越自己的榜样。不断获得的成功会让儿童攀登到一个又一个新的高度。

为了让孩子深切感受到进步的快乐、享受成长的过程，父母和儿童可以一起写"成长日记"记录他成长过程中的串串脚印，体味每个成长的精彩瞬间，感受每个进步背后的付出和努力，让儿童因进步而增加信心，因有了信心而形成习惯。儿童有了上进的信心和斗志后，父母可以试着和他一起寻找下一个学习的榜样，并鼓励他不断超越自己的榜样，保持努力积极向上的心态和动力。

3. 巧妙利用心理规律进行背诵

（1）调整学习与背诵材料的顺序

对于一些材料的学习，并不是材料本身以何种顺序呈现便是最好的。不同的儿童有不同的学习与背诵特点，所以我们在儿童的学习与背诵过程中，要根据对儿童的了解，适当调整儿童学习与背诵材料的顺序。从儿童最感兴趣的或是相对来说较为容易的开始，建立儿童的信心。

（2）适当把握学习程度

艾宾浩斯对人记忆的研究，除了"艾宾浩斯遗忘曲线"以外，还提出了"过度学习的理念"。所谓过度学习，是指"适度紧张学习"。要防止"报酬递减"，就应该做到：当学习巩固到不再出现错误的水平时，就可以停止。如果此时再要求儿童精力投入，那么学习效果将会下降，掌握能力将发生递减，在这种情况下，学习时间越长，效果越差。比如，孩子每天抽出一段时间来背诵，一般以15分钟为宜。但这并不是单纯的15分钟，如果孩子在12分钟已经能够完全无误地将背诵内容复述出来时，可以再多学习3分钟，而不是能够完全背诵时立马停止学习。而且不同的孩子对不同的内容所需要的背诵时间也是不同的，有的长有的短。

（3）关注系列位置效应

人们在回忆已经学习与背诵过的一些知识时，有一些明显的规律。据研究，一般会有近因效应，即最后学习的材料最易回忆，遗忘最少；或首因效应，即最先呈现的材料较易回忆，遗忘较少。因此，我们可以将较为重要的材料放在开始或是最后，还可以灵活变换学习材料的顺序，经过几轮的复习与巩固，所要学习与背诵的内容几乎都可以记牢。

三、"死记硬背"经验小谈

培根说："一切知识都不过是记忆。"儿童成长早期的机械记忆力很强，背诵一些经典文章，特别是读起来朗朗上口的经典古诗词，对儿童来说不是很难的事情。据科学研究显示，12岁以前是最佳记忆年龄，"这个时候的儿童，白纸一张，给他学什么，他就会学什么而且掌握也快"。从心理学上看，"死记硬背"这种记忆背诵能力，对于一个人思维能力的训练、对于词语的积累以及语感的培养都起着很大的作用。

这里所说的"死记硬背"与人们普遍想象的不一样，不是"黑瞎子捡玉米，捡一个丢一个"那种，而是一种全新的打破遗忘规律的死记硬背。

而且"从小接触一些古典经文，熟记能诵，对儿童来说是一种很好的开智方式。"我们熟知敬仰的一些"伟人"与"大家"好多都是"死记硬背"传统经典的受益者，同样地，也有不少现当代的例子，比如：

汉代的东方朔能背诵 22 万言，张安世能把汉武帝丢失的三箧书全部背出来。再看现代文学巨匠：鲁迅、郭沫若、茅盾、巴金，哪一个不是经典烂熟于胸？巴金先生在谈到自己的写作经验时，特别提到了他少年时期就能背诵 200 多篇文言文，这对他日后的写作大有帮助。还有当代伟大的自然科学家：苏步青、钱学森、杨振宁，哪一位不能背诵大量的传统经典？比如苏步青先生，他读小学时天天背诵《左传》《唐诗三百首》，到毕业时这两部书已经能背诵如流。刚进中学，老师不信他能写出《读〈曹刿论战〉》，顺口举了一篇《子产不毁乡校》让他背，他一口气背完，说："整部《左传》，我都可以背出来。"相反，现今那些连写篇产品说明书也错字连篇的人才们，是否要反思一下自己的常识与教育问题？

背诵课文，有利于提高儿童的记忆力，对智力开发也有好处。语言的学习是个积累的过程，而儿童擅长的是机械记忆，因为理解能力有限，有些古诗词、美文他们不一定知其意，如果只是机械性地背诵，虽然一时间记住了，但是如果没有在后续的学习生活中加以理解、激活，那么所背诵的文章就会渐渐忘记，这种强制性的背诵，意义不是很大。因此，老师和家长就要采用一些适当的背诵技巧与背诵方法，帮助孩子把一时背诵变为长久保持。

这里介绍两点经验：

第一，从行为主义学习理论上得来的启发

行为主义强调运用"小步子、积极强化、反馈"这种一般步骤来制定学习者的学习方案，它同样适用于培养儿童的记忆力。培养儿童的记忆力，首先是要把既定的目标分成许多个步子，儿童在完成上一步子后，才能进行下一步子；对于儿童在完成某一步子过程中的表现，应给予儿童积极地强化，使其不偏离既定的目标；根据儿童完成上一步子的情况来决定儿童是不是进行下一步子。比如，背诵某一篇课文，可以先将课文分成大小相同的几部分，让儿童先背诵第一部分，若表现很好，可以给予适当的奖励，对于儿童在背诵课文中出现的错别字或者漏字的现象，可以给他一定的负强化，然后再根据他完成上一部分的背诵情况来决定是不是要进行下一部分的背诵。

第二，遗忘规律的"大作用"

从遗忘规律（图 9－1）我们可以发现：遗忘速度最快的区段是 20 分钟、1 小时、24 小时，分别遗忘 42％、56％、66％；2—31 天遗忘率稳定在 72％—79％之间；遗忘的速度是先快后慢等。

通过分析可知，复习的最佳时间是学习新材料后的 1—24 小时，最晚不超过 2 天，在这个区段内稍加复习即可恢复记忆。过了这个区段因已遗忘了材料的 72％以上，所以复习起来就"事倍功半"。或许有些人会有这样的经历：在复习功课时，有时感觉碰到的好像是新知识，这就是因为复习的间隔太长了的缘故。

例如，背诵《老子》，一共 81 篇，每天可以拿出 15 分钟的时间背诵一篇，等到 81 天把文章背诵一遍之后，再从头开始一天背诵 2 章，依次类推，每天背 4 章、8 章、10 章……到最后肯定可以倒背如流，而且很难忘记。这种方法简单可行，既不影响儿童做其他事情，也能提高儿童的记忆力，还为儿童的发展做了大量的知识储备。

小　结

本章介绍了艾宾浩斯遗忘曲线以及如何打破遗忘规律的方法，其中，笔者更为关注的是，在不影响儿童正常的学校教育的情况下，进一步发展儿童的智力。所以，我们要根据儿童的不同智能特点，有针对性地教育儿童，尤其是在提高儿童的记忆力和打破遗忘规律上下功夫，坚持有规律的"死记硬背"，为儿童更好更快的发展做准备。

第十章

先天智能与后天努力的关系

在儿童的成长过程中，如何识别儿童的强弱项智能？先天智能和后天的教育、个人的努力哪个更重要？如何认识先天智能与后天努力的关系？它们之间有没有某种必然性？对于此类困惑，笔者在本章将一一解答。

教育研究领域对儿童智能的发展已有相当的理论成果，并将理论用于指导实践，解决教育工作中的一些实际问题。先天智能与后天努力之间的关系，也是笔者多年从事教育研究的发现与见解。

一、儿童强弱项智能的识别

如何识别儿童的强弱项智能？首先，可通过儿童的一些外显行为的能力展现来发现他的强项智能。

（一）儿童的潜在智能在日常生活中的表现

1. 能出色地记忆诗歌和电视播放的专栏乐曲。
2. 善于观察父母的心情，领悟父母的忧与乐。
3. 善于辨别方向，极少迷路。
4. 落落大方，动作优雅，懂礼貌。
5. 爱伴随乐器的弹奏唱歌。
6. 爱提些怪问题。

7. 给儿童朗读时，要是你更换了经常朗读的故事里的某个词，儿童就会说读错了。

8. 喜欢自己动手，什么东西都一学就会。

9. 特别喜欢模仿戏剧或电影人物的动作或道白。

10. 乘车时，对经过的站名或路标记得清清楚楚，并向你提起什么时候曾经来过这个地方。

11. 喜欢倾听各种乐器发出的声响，并能根据音响敏捷地判断出是什么乐器。

12. 喜欢东写西画，物体勾勒得形象逼真。

13. 爱把玩具分门别类，按大小和颜色放在一起。

14. 善于把行为和感情联系起来，如说"我生气了才这样干的"。

15. 喜欢给人讲故事，而且讲得有声有色。

16. 善于描述所听到的各种声响。

17. 看见生人时，会说"他好像是某某人"之类的话。

18. 善于判断能做什么，不能做什么。

19. 善于辨别出物体之间的微小差异。

20. 喜欢摆弄花草、逗弄小动物，而对一般的玩具兴趣不大。

如果孩子在第 7、15 和 16 条方面表现突出，那么，他可能具有较强的语言智能；如果第 1、5 和 11 条突出，他可能是个音乐苗子；如果第 6 和 13 条表现突出，说明他在逻辑数学方面有天赋；如果第 3、10 和 12 条表现突出，说明他有丰富的空间想象能力。[①]

虽然以上测验的信度与效度不好预伏，但不可否认的是，智能的强弱是可以通过一些外显行为中的能力展现来发现的。智能并不是无法探索的，我们可以通过一些方式发现儿童的一些强项智能并对其加以培养、发展，这种方式的所在点之一便是能力。

---

① 参考《表现睿智的儿童具备的 20 个特点》，2013 年 5 月 25 日，见 http://www.rs66.com/a/jiatingshenghuo/jiatingjiaoyu/biaoxianruizhidehaizijubeide20getedian_ 89875. html。

（二）儿童在处理某一件事时，花费的时间与精力最少，可能在此方面存在强项智能

前几章提到的"最小努力原则"，是指人们都倾向于从事那些自己所费精力与时间最少但是所得的成果与收益最大的活动。这在某种程度上解释了我们日常生活中的好多常见问题。而且我们可以借助"最小努力原则"发现儿童的一些潜在特长，即强项智能。人们都喜欢以最少的付出获取最大的利益，反过来，既然可以以最少的付出得到自己想要的结果，那么这两者在某种程度上是等值的。

A君能在1个小时内完成某项程序编程，但是S君则需要5个小时的时间才能完成。虽然结果是一样的，但是很显然，在电脑编程这一工作上，S君的能力没有A君的能力强。在其他条件都相同的情况下，可能A君在这方面的智能具有优势。

如果一个孩子在大提琴学习上始终没有进步并且落后于同一学习班上的大部分同学，虽然他在这方面花费的时间与精力并不少甚至比其他孩子多得多。但在观看一场舞蹈秀之后，这个孩子竟然将其中的动作记得七七八八并且能较为完美地展现出来。所以，这个孩子可能在舞蹈方面的智能较为突出，至少在此阶段是如此。相应地，家长们也需要就此项智能的基础，给孩子以引导并给予他更多的学习机会。

由此可见，我们可以通过"最小努力原则"来发现儿童的强项智能。

（三）儿童本身更感兴趣的事物或明显的能力倾向，很可能是他的强项智能

儿童刚刚接触世界，对一切都感到非常新奇，他们有着旺盛的求知欲和探索欲。由于个体的差异性，不同的儿童对事物的兴趣千差万别，比如，有的儿童喜欢音乐，小小年纪，对音符有近乎完美的感受，能准确地唱出每个音符，那么他在音乐方面可能会有较为理想的智能基础；有的儿童爱好美术，不管在什么环境，他们都能随意地画起来，衣服、纸张、地面、墙壁都是他们的画纸，那么我们可以对这个孩子在绘画领域的智能有个较为良好的预期；有的儿童记忆力强，对读过的书、看过的画过目不忘；有的儿童对各种昆虫和各种小动物有着特殊的感情，有时会为了一只不见的小猫而吃不下饭；等等。凡此种种，都是儿童最初表现出来的对某一种事物的兴趣或较为明显的能力倾向，它表明孩子们在此方面的智能可能较强，有更广阔的发展空间。

二、先天智能与后天努力相辅相成

后天的努力是必须的，没有后天的努力，再强的智能也只是潜能，挖掘不出来。先天的智能是基础，在智能差不多的情况下，某些人经过不断努力，其智力、能力不断得到发展与进步，最终可能超越别人，成为佼佼者。还有另外一种情况：即使某人的某项智能比别人较低一点，经过后天的努力，也有可能超过他人。因此，先天智能与后天努力是相辅相成的，二者缺一不可。再者，能力是一种合力，是几种智能、知识和经验不同的排列组合产生的合力，这种组合千差万别，使得能力也多种多样，三百六十行行行出状元。所以说，只要在自身较好的智能基础之上，经过后天的教育和努力，人人都有可能成为社会需要的人才。

图 10 - 1　现代社会各行业的精英

（一）人生的每个阶段都需要后天的努力

个体的智能存在只是提供了成功的可能性，强项智能提供了成功发展的倾向性，也就是"最小努力原则"，向着最经济、最省力的方向发展。但是可能性也只是可能性，要取得成功，后天努力非常重要。不努力，这个成功只能是可能性。每个人很难改变自身的遗传智能，但是可以通过不断的学习和总结经验，改变智力和能力。

所谓"天道酬勤""学如逆水行舟，不进则退"，讲得都是后天努力的作用。有时候，人与人之间的差距不是智能方面的差距，只是在后天的努力程度上存在差别。如下图 10－2 所示，A 和 B 分别代表两个人，A1 与 B1 分别代表的是两个不同个体的智能基础，A2 和 B2 分别代表他们的智力和能力。很显然，这两个个体在智能基础上就明显存在差别，智能 A1 高于智能 B1，但是经过一段时间的发展，情况开始发生变化，代表智力和能力的 B2 逐渐超过 A2，说明 B 的不懈努力使其在智力与能力方面赶超 A。当然，我们看到的也只是这一阶段 A2 与 B2 的变化，也许经过一段时间的发展，A 开始努力，在他原有较好的智能基础之上，在同样的环境同样的教育以及相同的努力程度上，A2 很可能逐渐强于 B2。

当前，我国教育对"终身学习"的积极响应，对建立"学习化社会"的倡导，使得学习与进步不再是某一阶段的事，而是伴随人的一生，努力成为一种持续的状态。大部分的儿童都有一定的先天智能基础，但是这些智能基础的发展是有限的、规定性的、难以改变的，在后天环境与教育的影响

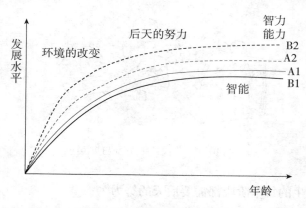

图 10－2　智能与后天努力的关系

下，再加上个体自身的积极努力，这类人会向上发展，达到一个新的水平，并适应环境，向着成功迈进。因此，后天的努力是必须的，人的每个阶段都要努力，不进则退，只是每个阶段努力的程度和方向不同而已。

（二）后天的努力和环境的改变主要是改变了人的智力和能力，智能改变较小

智能为智力和能力的发展提供了基础，它的规定性要大于其所有的可塑性与灵活性。智能为人们日后的发展提供了一种倾向性与可能性。当然，并不是说智能是静止的、不发展的，智能也会随着教育与环境的刺激有所发展，而且同一个体的不同智能的发展速度与水平是不平衡的，例如，某个个体的语言智能发展快于数理—逻辑智能的发展。不同个体的同一智能的发展也是不平衡的。但是，就人的一生来说，其发展程度还是很小的，中国有句古话："三岁看小，七岁看老"，笔者认为是有一定道理的，智能最大的作用便是它的规定性与基础性，人们在智能的基础上接受适时适当的教育，从而使其各项智能得到发展尽量不会出现在某一项智能成长与发展上的盲点，若能再加强强项智能的开发与培养，那么各项智能便会得到较为全面的发展。

而智力与能力的发展可塑性强些。人们后天的发展，主要是在智力与能力方面的成长与进步。在外界的各项工作都已完善，智能的发展到达一定程度，个体本身要做的就是积极发展自身的主观能动性，即后天努力，通过各种实践活动来发展智力与能力。智力与能力在人的一生中都是增长的，心理学上将人的智力分为"晶体智力"与"流体智力"，认为晶体智力在人的一生中都在增长而流体智力则不然，它与遗传相关，在20岁之后会达到顶峰，30岁以后开始下降。这与笔者的观点具有相通之处。正如前文所提到的，智能与遗传相关，规定性强。智力与能力则在此基础上不断发展。各项智能都发展不错的个体，加上后天的教育以及其自身的努力，其智力与能力的发展前景将非常令人欣喜。另外，作为有选择权的个体本身，人们可以在自己擅长的领域里发展，在自己智力与能力的强项里有所作为。

三、成功是成功之父

一个人的成功是各方面综合作用的结果。"失败是成功之母"的至理名言常用来宽慰那些受挫的朋友们。但是，在笔者看来，说"失败是成功之母"只是人们对自我价值的一种保护、一种经验的积累。笔者认为，还应该有一种说法："成功是成功之父"，和"失败是成功之母"只是从不同的角度看待问题。

每次的成功都是在之前成功的基础上累积起来的，将上一次成功的经验和知识转移或迁移到下一次问题中，又可能成功，不断的小成功，慢慢积累起大的成功。儿童在背诵古文上也有规律可循，比如，一个孩子在三四岁的时候，背诵《三字经》，经过一段时间的朗读和背诵，能够牢记于心；当他五六岁的时候，开始背诵简单的唐诗，经过一段时间，背诵熟练；他七八岁时，背诵《老子》，熟记；后又背诵《论语》，至十一二岁时，可以背诵《大学》《中庸》《荀子》；初中时，阅读《资治通鉴》也就没问题了。不积跬步，无以至千里；不积小流，无以成江海。小的成功，慢慢汇聚成大的成功。

从心理方面来解释，无论一个人的自信心多么强大，也经不起无数次失败的打击，没有偶尔成功给予的力量强化，很难有信心再继续下去。另外，成功所得到的不仅是自信心，还有来自他人的精神与物质上的支持与肯定。有句话说得很对——"锦上添花易，雪中送炭难"。所以说，成功是成功之父。

一个人在智能上的发展，离开了智能基础便无从进步，一个智能超强的人，加上后天的教育与自身的一些努力，他的发展潜力不可限量，问题是好多具有先天智能优势的人却不知道珍惜，最后只能泯然众人矣。在人的一生中，由于智能发展不平衡，每个人的强项智能是不同的，强弱之间可能是轮替的，而且即使强项智能差不多，但是解决问题时所调用的智能组合、排列不一样，调用的知识、经验不一样。所以智力和能力完全一样的两个人是不存在的，"三百六十行行行出状元"，智能基础改变很小，但智力和能力是可以改变的。成功掌握在那些刻苦努力，发挥智力，并有大胆作为的人手里。

小　结

本章阐明了先天智能与后天努力的关系：两者相辅相成。没有后天的努力，即使先天智能再强，也不能成为人才；先天智能较差，通过后天努力的弥补，也能达到相应的高度。在不了解个人智能发展趋势的情况下，后天的努力是我们能掌握与把握的、具有主观能动性的事情，因此，要想实现自己的理想，必须努力付出。

第十一章

对部分教育问题的阐释

前面几章阐述了笔者的主要观点，尤其是多元智能发展的不平衡理论与智能、智力和能力的关系以及儿童教育的新认识等。这一章主要运用以上观点对一些实际的案例、问题、故事等进行分析。

一、通过"多元智能发展不平衡理论"对儿童一些学习现象的解释

1. 如何看待"格塞尔双子爬梯实验"现象

双生子爬梯试验是美国心理学家格塞尔曾经做过一个著名的"实验"，他让一对同卵双胞胎练习爬楼梯。其中一个为实验对象A，在他出生后的第46周开始练习，每天练习10分钟。另外一个实验对象B，在他出生后的第53周开始接受同样的训练。两个儿童都练习到他们满54周的时候，A练了9周，B只练了2周。大多数人肯定认为应该是练了9周的A比只练了2周的B效果要好。但是，实验结果出人意料——只练了两周的B爬楼梯的水平比练了9周的A好——B在10秒钟内爬上那特制的五级楼梯的最高层，A则需要20秒才能完成。

格塞尔曾对这个实验分析说：46周就开始练习爬楼梯，为时尚早，儿童没有做好成熟的准备，所以训练只能取得事倍功半的效果；53周开始爬楼梯，这个时间就非常恰当，儿童做好了成熟的准备，所以训练就能达到事

半功倍的效果。在笔者看来也是这个情况，格赛尔所说的成熟其实是智能的成熟水平。人们的能力源于对智能的激发，没有适当的智能成熟水平，能力是很难被激发出来的，即使再怎么努力，总有些无能为力的感觉。如果在智能还不成熟的情况下，一味地去激发该方面的能力，非但看不到能力的增长，反而被激发的能力会大打折扣。

当然，如果过晚地开发智能，也会比别人落后一截。印度"狼孩"卡玛拉被人发现时已有7岁多，身上毫无正常儿童的特征：没有语言能力，不能直立行走，更不会与人交流。重返人类社会后经过长达6年的专业人员的护理，也只学会走路，到17岁时才学会十几个单词，智商只有4岁儿童的水平。这就强调了对智能进行开发的关键期，在适合的时间开发智能，会收到事半功倍的效果。

格塞尔双子爬梯实验中的实验对象A就是过早地对身体—运动智能进行了开发，所以才会在后期比赛中爬梯的能力落后；反观实验对象B，虽然对身体—运动智能的开发比实验对象A晚了若干周，但是实验对象B反倒是比赛中能力较高者。

这样看来，过早地开发智能并不是一件好事，但在现实生活中这样的事却屡见不鲜，尤其是当今社会，为了不让孩子输在起跑线上，出现了各种过早对儿童智能进行开发的现象，本来是孩子在玩耍中成长的时间全被用来开发各种智力，收到的效果也并不理想。与此相反的是，对于诸多留守儿童，他们的父母很早就不在身边，当孩子到了智力开发的关键期，也没有人去管，致使他们的能力低于其他同龄人。鉴于此，希望各位家长不要过早地去开发儿童的智力，但也不要过晚，开发儿童的智力要抓住他们的关键期，要适合儿童智能的发展水平。对于如何抓住开发儿童智力的关键期，就需要家长用足够的耐心和时间去观察自己的孩子在哪些智能方面表现突出，然后就该方面科学开发其智能。

2. 如何看待八月份出生的儿童在学习上"吃亏"这种现象

英国财政研究所（The Institute for FiscalStudies，简称IFS）公布的最新研究显示，儿童的出生月份将影响他们的未来表现和学习成绩。比起九、十月份出生的儿童，"八月宝宝"无论是在学习表现，还是未来进入顶尖大学的概率都略逊一筹，"八月宝宝劣势现象"在沪上某育儿论坛引起家长热议。家长表示，孩子班上成绩前几名多为"大龄宝宝"包揽；老师表示，"八月宝宝"劣势主要集中在低年级，到了高年级就不明显了。

他们进顶尖大学机会少

英国学校在九月开学，同一个年级的儿童年龄可能相差近一岁，班上八月出生的儿童年纪最小，九月出生的儿童年纪最大。

据该机构之前的调查显示，在学年开始时出生的儿童比学年结束时出生的儿童，多数能达到更好的考试成绩。在英国，这就意味着秋天出生的儿童往往比夏天出生的表现优异。

最新研究还显示，较之于九月份出生的儿童，隔年八月份出生的儿童，在参加全国考试和其他认知能力方面的考试中，成绩明显偏低；他们进入职业学校学习的概率要高20%；而19岁时，进入顶尖大学，像罗素大学集团的机会却要少20%。他们对于学习能力的自信心较差，认为不太可能掌控自己的命运。

此外，在任课老师看来，比起年前九、十月出生的儿童，同一年级八月出生的儿童在阅读、写作和数学方面比平均水平低的概率要多2.5—3.5倍，显示出更低的社交能力和情感发展水平。在七岁这个年龄段上，在学校过得不开心的概率要大2.5倍，在学校受欺负的概率要大2倍。

他们在学校更易不快乐

报告还说，儿童出生月份对于他们的表现力及性格特征的影响尤其重要，这可能对青少年的教育和劳动力市场的选择造成深远的影响。

Ellen Greaves 是英国财政研究所的经济学家，也是该研究报告的作者，他说，"出生日期对你的影响不仅限于受教育的程度。有证据表明，在年龄较小的时候，比起秋天出生的儿童，夏天出生的儿童在学校里更容易受欺负，过得不愉快。"研究人员建议，夏天出生的儿童可能考试成绩、平时表现上相对处于弱势。根据这个现状，政府应当考虑延长夏季出生儿童的受教育年限。

专家指出，并不是说八月出生的儿童就没有未来，要找到办法为八月出生的儿童排除不利因素。在未来的研究中，他们还将试图寻找是什么原因导致不同月份出生的儿童产生了后天表现的差异。这将帮助他们更好地制订应对措施，来帮助夏天出生的儿童克服现行教育体制下强加给他们的不利因素。

同一年龄区间内出生早的儿童成绩更好

关于出生日期与成功之间的关系，《纽约客》的怪才、美国作家马尔科姆·格拉德威尔也有不少有趣的发现。在他所著的《异类：不一样的成功启示录》一书中就提到，两位经济学家凯利·贝达德和伊丽莎白·杜伊曾对参与 TIMSS（国际数学和科学评测趋势的简称，每四年对全球青少年进行一次数学和科学能力测试）的青少年出生月份和其测试成绩的相关性进行分析。

分析发现，在四年级的儿童中，同一年龄区间内，出生最早的儿童比出生最晚的儿童的成绩会高出 4—12 分。杜伊认为，这种差别"影响深远"，而且成绩上的差距决定谁能够赢得接受更好教育的资格，谁又将被淘汰。

随后，研究者又对大儿童进行统计分析，在美国四年制的大学中，每个年级同一年龄段出生相对较晚的儿童人数所占比例不到 11.6%。最初年龄带来的差异到此时依旧没有消除，还在继续发挥影响。

不少家长认为，不管自己年龄偏小的孩子起初处于怎样不利的地位，这种劣势最终都会在幼儿园被改变。另一种观点则认为："一个学年中早期出生的儿童比晚期出生儿童的这点优势，始终都会存在，从这时开始，这些儿童被贴上杰出者或非杰出者的标签，他们或得到鼓励或受到冷遇，这两种不同的待遇将长时间存在。"

这种现象不仅发生在英美国家，在我国也同样存在。我国大部分儿童一般在六周岁时入小学，然而根据多年跟踪观察发现，九、十月份出生的儿童在小学阶段成绩优异，八月份出生的儿童学习成绩较差。这种现象很少会引起学校、家长的注意，他们一般将儿童成绩较差归因于努力程度不够，转而无休止地责备他们。错误的归因导致错误的教育方式，错误的教育方式只会让儿童更厌恶学习。如何做到对这种现象进行正确的归因已显得至关重要，笔者在对那些差生进行观察分析后，发现儿童的出生年月可能导致他们在学习上落后，进一步来讲，儿童的智能发展程度是导致他们在学习上落后的主要原因。

智能发展虽然存在不平衡性，但这只是针对少数人而言的，大多数人的智能还是可以按照正常的轨迹发展。六周岁入学，九、十月份出生的儿童比八月份出生的儿童大了将近一年的时间，除了那些智能在早期发展较快的八月份出生的儿童外，九、十月份出生的儿童智能一般会强于八月份出生的儿童，九、十月份出生的儿童智能相对较强，在学习上较为容易，花费同样的时间，智能较强的儿童获得知识的速度较快，掌握知识比较牢固。因此，那些智能强的儿童会有多余的时间去学习其他的知识，而智能相对较弱（年龄小）的儿童还要花费多余的时间补习。长此以往，他们之间的差距就会越来越大。这很可能就是八月份出生的儿童在小学阶段成绩较差的主要原因。

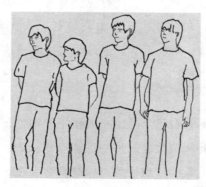

图 11-1　相同年龄段，不同月份出生的人智能发展是不平衡的

　　鉴于此，笔者提出几点解决办法，虽然这些办法也存在不足之处，具体包括：一是八月份出生的儿童可以在七周岁时入学，但因人而异，具体要看儿童智能发展的程度，问题是这样就比其他同龄儿童慢了一步；二是家长和教师应在课后对那些学习上比较落后的八月份出生的儿童进行适当的补习，使他们能够跟上课堂的步伐，但这样会给儿童增加诸多的压力。

　　3. 如何看待这种现象：在同样的教授时间和方法下，同一智能表现较弱者可能比相对较强者做得更好

　　完成某一件事时，常常需要几种智能共同发挥作用。这主要是由事情的复杂性决定的。

　　例如，学习太极拳的过程中运用到的智能并非体育智能一种，它还需要语言智能、数理—逻辑智能和空间智能等几项。体育智能在学习太极拳的过程中是主导因素，但它离不开语言智能（理解教练的话语）和数理—逻辑智能（能够将太极拳的各动作在脑海中分解或者将太极拳的各动作在脑海中串联起来）的辅助作用。因此，在同样的教授时间和次数的前提下，那些体育智能强的人可能因为语言智能和数理—逻辑智能较弱，学习起来较为吃力，表现较差；而那些体育智能并不是特别强的人却因为他们的体育智能、语言智能和数理—逻辑智能相互作用较好，结果会表现不错。也许经过长时间的练习，体育智能较强的人会在太极拳方面表现很好，但那是经过不断努力的结果。

　　做好一件事情体现的是能力的高低，也是个体集中相关智能及知识、经验的共同作用的结果。每个人在一生中会遇到很多问题，解决这些问题需要调动不同的智能和知识、经验，因此，家长和教师要注意培养儿童的全面发展，不仅仅是智力方面，其他智能也要得到锻炼，在原有智能基础之上，尽量提高儿童多项智能方面的智力和能力。

　　4. 如何看待"三岁看老"这种说法

　　科学研究显示，三岁之前是一个人大脑发育的重要时期。一个人出生时脑重量只有370克，第一年年末时，婴儿脑重就已经接近成人脑重的60%；第二年年末时，约为出生时的三倍，约占成人

脑重的75%；到三岁时，幼儿脑重已接近成人脑重的范围，以后发育速度就变慢了。所以儿童出生后2—3年内，无论在生理还是心理方面，良好的育儿刺激对大脑的功能和结构都有重要的影响。

为证实三岁在一个人一生中究竟起到多大作用，1980年英国伦敦精神病研究所教授卡斯比同伦敦国王学院的精神病学家们进行了一项别具一格的试验观察。

研究者以当地1000名三岁幼儿为研究对象，先是经过一番调查分析，然后将他们分为五种类型：充满自信型、良好适应型、沉默寡言型、自我约束型和坐立不安型。到2003年，当这些三岁儿童都长成了26岁的成人时，卡斯比教授再次与他们进行了面谈，并且对他们的朋友和亲戚进行了走访。

这些三岁幼童的言行竟然准确预示了他们成年后的性格，让卡斯比教授十分惊讶。他对自己的试验结果进行总结，并在2005年发表了报告演说，这一报告在国际育儿学术界引起了轰动，为"三岁看老"的说法提供了强有力的证据。

卡斯比教授指出，一个人对三岁之前所经历的事情会像海绵一样吸收。这意味着儿童性格形成的关键期就在三岁之前，这个阶段的儿童跟随什么样的人、接受什么样的教育，就将会形成相应的性格。和其朝夕相处的成人所说的每一句话、所做的每一个动作都可能会深深地烙在他们的心灵深处。[1]

在笔者看来，"三岁看老"和"本性难移"是一个道理，透过一个三岁儿童的行为举止便可以感受到这孩子将来会是一个什么样的人，讲得更深远些，一个人现在的行为习惯影响着他的一生。也可以理解为儿童的本性就是自己的智能，这九项智能是很难改变的，是按照一定的规定性发展的，不以人的意志为转移，三岁时所表现的是真实的智能，没有通过后天的学习加以

---

[1] 参考《为什么说3岁决定儿童一生：3岁看老科学依据》，2013年08月04日，见http：//scitech. people. com. cn/n/2013/0804/c1057-22437021. html。

修饰的智能，虽然以后智力和能力会得到提高，但是智能很难提高。

三岁之前是儿童性格形成的关键期，原因在于：外界的环境刺激大脑，人们通过大脑的判断做出相应的动作去适应或者同化这些刺激。而1—3岁这个阶段是大脑的成熟期，一个人对此期间所经历的事情会像海绵一样吸收，并没有自己的选择性，等到三岁后，儿童才慢慢地对外界的刺激进行选择性地适应与同化，而这种适应与同化的选择权已经受到之前经历的影响，所以说，三岁之前是儿童性格形成的关键期。这一时期，儿童更多的是和自己的父母在一起，父母的一言一行都会影响儿童性格的形成，家庭教育的重要性更为突显。

需要提醒的是，作为家长，最好能够运用行为主义中的刺激—反应联结来建立儿童的动作行为；不要忽略生活中一些琐碎的事情对儿童的影响，特别是留守儿童这一社会性问题，亟需各方力量共同努力解决。

5. 如何看待"大学少年班"至今没有培养出几个著名科学家的现象

"少年班"是一种早已出现的、培养年轻科技精英的教育试点方案。一些名牌学府试图发现全国各地的一批学科"天才"、"神童"，并集中起来，给予重点扶持、特殊指导，于尽量短的时间内，以尽量快的效率，为国家高、精、尖科技领域输送出一支支"青年科学家"的队伍。"少年班"全系自然科学中的尖子生，尤其在数理化方面禀赋不凡。说实话，"少年班"当初所挑选的儿童，都是些智商极高、天分超群的"神童"，然而，自从进了"少年班"以后，由于各种因素，他们有些如方仲永般"泯然众人"，有些"在原地踏步"，有些发展较好，能超出一般人，但是距人们期待的理想境界还差一步，至今并没有见到几个从少年班中走出来的科学家。

许多学者对此现象进行过分析，但他们得出的原因都大同小异，无非就是学业繁重、自高自大、生活障碍、心理欠缺、健康状况不良、专业不合适等。然而，问题是：既然国家肯培植精英少年，那么针对这些少年班的学生可能会出现的问题，一定会想办法克服。因此，笔者认为，以上原因并没有很强的说服力，也很难成为根本原因。

在现实生活中大部分都是平常人，也就是智能水平能达到高峰值的人，而能超越高峰值的人毕竟是少数。从多元智能发展不平衡的角度分析，其实少年班中的学生给了我们一个假象，他们的智能水平在小学阶段远远超越其他同龄人，即他们的智能成熟速度快于其他同龄儿童，这让我们误以为他们的智能会以这样的速度发展下去，然而事实并非如此，随着年龄的增长，他们的智能成熟速度慢了下来，最后的智能水平只是达到了我们平常人的高峰值或者稍微超越高峰值。因此，笔者以为，智能发展情况造成了上述大学少年班现象，但它并不是全部原因。因为智能的激发需要一个适宜的环境，如果没有一个适宜的环境，再强的智能也很难被激发出来，前面提到的学业繁重、自高自大、生活障碍、心理欠缺、健康状况不良、专业不合适等就是在说激发智能的环境出现了问题。不可否认，少年班中存在若干少年的最终智能成熟水平会超越高峰值，但他们最终没有从少年班走出来成为人们期待的科学家、专家等，可能是他们的智能并没有超过正常很多的原因。

因此，对培养精英少年而言，除了给他们创造一个适宜发展的环境外，还要对那些进少年班的学生的智能有清晰的认识。不要在乎少年班最终会取得什么成就，只要把过程做完美就可以。就当今教育形势发展而言，针对那些智能水平出众的少年，最好在其全面发展的基础上再去重点激发其强项智能，发展更合理的新式精英教育。

图 11-2 大学少年班

6. 如何看待"舟舟：生活中的愚人，音乐界的天才"这种现象

舟舟出生于 1978 年 4 月 1 日，他的父亲胡厚培是武汉歌舞剧院的低音提琴手。父母给他取名胡一舟，意在希望他像一叶自由的小舟，快乐地去访问人生的每个港口。然而，舟舟还没有满月，竟被查出患有先天愚型病症。一次偶然的机会，舟舟母亲张惠琴路过一家音像店时，发现一群人中不时地传来鼓掌声和喝彩声。她走近一看，简直不敢相信自己的眼睛，原来看似呆板的舟舟正在那儿进行音乐指挥，他的动作竟是如此地洒脱自如！突然，张惠琴心想：既然舟舟有此天赋，为何不引导他向音乐指挥方向发展呢？当张惠琴兴奋地将自己的想法告诉丈夫时，胡厚培十分赞同。于是，张惠琴便从音像店买来《梁祝》《卡门》《拉德斯基》等曲子的磁带，随时播放给舟舟。而舟舟无论在哪儿，只要一听见音乐，就会挥舞双手指挥起来！

1999 年元旦前夕，中国残联特地邀请舟舟参加残联举办的春节晚会。在那次晚会上，舟舟将自己的音乐天才发挥得淋漓尽致。残联主席拥抱着舟舟，深情地说："一切生命都是伟大的！"这次演出成功后，张惠琴夫妇看到了舟舟的人生希望。夫妇俩更是省吃俭用，送他上智育培训学习班，还请一些指挥家来指导舟舟……

2000 年初，随着大型纪录片《走进舟舟的世界》在中央电视台和欧洲几个国家的电视台播出，舟舟名气大增。他开始接受海内外的邀请，参加各种演出。2000 年 9 月 30 日，舟舟在美国成功地指挥了世界顶尖级乐团——美国国家交响乐团、辛辛那提交响乐团，演出震撼了全美。

对以上现象，可以用多元智能发展不平衡理论分析，这种不平衡性具体表现为：第一，就个体而言，个体的各项智能的初始水平及其成熟速度、速率发展不平衡；第二，就不同个体之间而言，不同个体之间某一项智能的初始水平及成熟速度、速率发展不平衡。在舟舟的九项基本智能中，除了音乐智能以外的其他智能成熟速度极慢、成熟水平也极低，而他的音乐智能可能

由于遗传的原因从小就比较强，比他本身的其他智能都强，比其他大部分同龄儿童的音乐智能也要强。音乐智能的表现形式有许多，音乐指挥只是其中一种，舟舟并没有像他父亲一样成为一名小提琴手，他的音乐智能主要表现为音乐指挥，所以舟舟很小就表现出对音乐指挥的热爱。随着舟舟的成长，他的音乐智能的成熟速度并没有慢下来，音乐智能的成熟水平已经超越了"高峰值"，加上后天其父母在音乐方面对他的培养，所以舟舟的音乐指挥才能越来越好。

图 11-3　舟舟在进行音乐指挥

7. 如何看待一个孩子参加多个辅导班现象

武汉有位虎妈，有段时间，她的育儿经在网络上广为流传。这位虎妈的儿子杨光虽然只有 12 岁，但他却上过无数个大小节目，是武汉知名的小童星，而他的这些才艺，源于妈妈的"魔鬼训练"。有媒体报道，唱歌、跳舞、主持、相声、快板、提琴、吉他……凡是能够想到的才艺，杨光都会，他的母亲说："我给他报了近 20 个兴趣班。我们每天都在抢时间，孩子的兴趣课安排得满满的，一刻都不能耽误。"

　　在其他地方的中小学生中，虽然像武汉虎妈这样"疯狂"地给儿子报 20 个兴趣班的案例还很少见，但也有不少孩子报了好几门课外培训班。玲玲是今年 9 月份刚上初一，除了正常上课外，玲玲每周还报了语数外三门培训班的课程，英语课外培训班是一直从 5 岁开始就没有间断过，上了初中之后，父母认为课程内容增加，语数外这三门必须要夯实基础，因此就给玲玲增报了作文和数学，这让玲玲很郁闷："这就等于说，我每周要上 7 天的学，除了在学校里面上课，放假还要上培训班，剩下的时间还要做作业看书，根本就没有整块在外面玩的时间。"

　　某教育培训中心的工作人员说，在暑假里就曾见过有的孩子报了 5 门课程，基本上整天时间都是在培训班里度过的，这样高强度的学习不是所有孩子都能够承受的，读万卷书行万里路，假期里面的所有时间都用在上文化课补习上面是没有必要的。

这个事例折射出两点问题：一、虎妈的教育方式需要反思；二、变质的辅导班：原本辅导班是为那些跟不上功课的孩子或在某一方面很有天分，却得不到开发及培养的孩子准备的，是用来扬长补短的，反观今天的辅导班，却已经成为家长拔苗助长的工具、儿童的炼狱。

　　许多教育专家认为，是否上辅导班，要看儿童的兴趣，要选择合适的老师，要做到动静结合，等等。

　　这只是表象，究其根本，可以从多元智能发展不平衡角度分析。当孩子在某一方面表现突出时，也就是该项智能比其他智能较强时，家长会误以为他在这方面能有所成就，当然其他方面也肯定差不了，于是，一个孩子报多个辅导班的现象出现了，但儿童的智能发展具有不平衡性，某一智能较强，并不代表其他智能同时也强，如果此时对儿童进行全面的能力开发，最后可能连较强智能的能力也得不到开发，只会得不偿失。其实辅导班风行的另一个原因就是家长的跟风、攀比心理严重，为了不让孩子输在起跑线上，盲目地跟风。而多元智能发展不平衡的另一种表现就是不同个体之间智能发展具有不平衡性，家长要根据孩子的智能特点有针对性地培养。另外，"努力可以改变一切"这句话的前提是，儿童的智能必须达到一定的成熟水平，只有智能达到足够的成熟水平时，孩子的努力才会有事半功倍的效果。

对于事例中虎妈教育的成功，可能因为她儿子的各项智能是以几乎同一速度在成熟，成熟速度也比其他儿童的成熟速度快，再加上虎妈每天的教导督促，孩子自然在擅长的方面小有成就。因此，笔者认为，发展儿童的能力不能盲目，也不能攀比，没有谁的教育方式百分百正确，也不要全面照搬他人的教育方式，每个孩子都是独一无二的，适合自己孩子的教育方式才是最好的。开发儿童的智能，一定要多留意儿童，观察儿童，抓住关键期。

8. 如何看待"眼盲耳聪；眼复明，耳聪消"这种现象

　　小明因为一次交通事故，双目失明，因为一直找不到与自己眼睛匹配的视网膜，所以只能学着适应这种"暗无天日"的日子。刚开始，小明对这种生活极不适应，心情很是沮丧，好在小明比较乐观，慢慢地静下心来接受这一切，随着失明时间的增长，小明发现自己的耳朵比原来灵了许多，不仅能够听到较远处的声音，还能够通过耳朵辨别出许多东西。几年过去了，小明早已适应了这种生活。一天医院通知小明找到了与他眼睛匹配的视网膜，小明欣喜若狂，终于又可以看到这个花花绿绿的世界了。手术很成功，小明再一次用眼睛接触到这个世界，可是慢慢地，小明发现自己的耳朵没有原来那么好用了，好像一切又回到车祸以前的样子。小明对自己经历的这些很是迷惑。

对此，笔者做如下分析：人们能够用眼睛来辨别东西，这是一种能力，这种能力受制于人们的神经系统，准确地说，是受制于大脑组织，人在成年时眼睛的功能会优于童年时期眼睛的功能，这种功能的提升与人们的某项智能息息相关。小明因为一次交通事故失去了自己的视网膜，致使自己失明，视网膜是神经系统的一部分，视网膜的脱落使小明眼睛的功能丧失，这种功能是一种能力，小明丧失的是一种能力，并不是相应的智能，他的这种智能还是依它原有的成熟水平存在。小明在眼睛失明的这段时间，为了能够生活

下去，主要依赖自己的耳朵去辨别东西以代替原来眼睛的功能，小明的听力也就变得比原来更好，出现"眼盲耳聪"的现象。因为他听力感知的智力和能力，在不断刺激和外界环境的变化下，经过不断的强化和锻炼，使其听觉智能的智力和能力得到提高。即，由于外界不断刺激听力系统，听力能力逐步提高。后来随着小明眼睛视网膜匹配成功，他眼睛方面的神经系统又回到原来的样子，视力恢复正常，但与眼睛相对应的某智能依旧没有变，随着视力系统智能的恢复，该项智能不断得到外界的刺激，经过不断努力，视力系统智能的智力和能力不断提高。随着时间的推移，其自身听力能力有所下降，又恢复到它原来的样子，但是与其听力相对应的智能并没有退回原来的水平。在眼睛恢复之后，小明辨别东西时更多的是依赖自己的眼睛，不再是耳朵。随着耳朵不再被替代性使用，所以他用耳朵辨别东西的能力有所下降，略显生疏，而听力智能还是原样。这也是从多元智能发展不平衡结合生理学基础做出的解释。

二、通过"多元智能发展不平衡理论"对 儿童部分培养问题的看法

1. 如何培养儿童（0—12岁）的记忆力

（1）根据儿童多元智能发展不平衡的特点来培养儿童的记忆力

人们（包括儿童）在完成某一既定目标时，总会倾向于那些路径最短、消耗能量最少的办法，这就是所谓的"最小努力原则"。这往往是自己最擅长的，或者说是能力所及、感兴趣的，它与智能，准确地说与智能发展不平衡有莫大的关系。智能发展不平衡一般会表现出早、晚、一般三种倾向性，培养儿童的记忆力应该考虑儿童智能发展的这三种倾向性。

智能发展倾向性早的儿童，在自己所擅长的领域往往会表现突出，也比较感兴趣，培养儿童的记忆力应充分利用这一资源，掌握好关键期，不能荒废。例如，某儿童的语言智能的倾向性过早就表现出来，培养儿童的记忆力离不开充足的知识储备，这时可以利用儿童的语言智能进行知识的储备，比

如，可以把所要记忆的东西编制成顺口溜。总之，对于过早表现出倾向性的智能千万不能荒废，充分利用可以收到理想的效果，主要的利用方式包括培养儿童在所擅长领域的知识储备，把所要记忆的东西编制成儿童最善用的记忆方式来记忆，以此培养儿童的记忆力。

智能发展倾向性一般或者较晚的儿童，早期往往观察不到他们的擅长领域。而有些家长操之过急，对儿童的记忆力进行拔苗助长式的培养，却很难收到理想效果。对此，家长应该静心观察儿童会在何时表现出何种智能的倾向性，然后抓住关键期，培养儿童的记忆力。

（2）利用行为主义来培养儿童的记忆力

行为主义强调运用小步子、积极强化、反馈的一般步骤来制定学习者的学习，这同样适用于培养儿童的记忆力。培养儿童的记忆力首先是要把既定的目标分成许多个步子，儿童在完成上一步子后，才能进行下一步子；对于儿童在完成某一步子过程中的表现，应给予儿童积极地强化，使其不偏离既定的目标；根据儿童完成上一步子的情况来决定儿童是不是进行下一步子。

（3）根据遗忘规律来培养儿童的记忆力

根据遗忘规律曲线，我们可以发现：遗忘速度最快的区段是 20 分钟、1 小时、24 小时，分别遗忘约 42%、56%、66%；2—31 天遗忘率稳定在约 72%—79% 之间；遗忘的速度是先快后慢等。

由此可见，复习的最佳时间是记材料后的 1—24 小时，最晚不超过 2 天，在这个区段内稍加复习即可恢复记忆。过了这个区段因已遗忘了材料的约 72% 以上，所以复习起来就"事倍功半"。

例如，在背诵《唐诗三百首》中的 50 首时，每天可以拿出二十分钟的时间背诵一首新诗，在第二天背诵时，先把前一天的内容重新背一次，然后背诵当天的新内容，依次进行，直到第 50 天把 50 首诗全部背诵一遍。若能如此，所有诗歌肯定能够倒背如流，而且很难忘记。这种方法简单可行，既不影响儿童做其他事情，也为儿童的未来做了准备。

当然，这几种方法不是孤立的，在培养儿童记忆力时，将这几种方法统一起来使用，才会收到事半功倍的效果。

2. 如何培养儿童的语言能力，尤其是对语言智能发展较晚的儿童

语言能力包括有效地运用口头语言或文字表达自己的思想并理解他人，灵活掌握语音、语义、语法，具备用言语思维、用言语表达和欣赏语言深层内涵的能力。语言能力对于人的未来成长至关重要，尤其是对处在基础教育的儿童来讲，语言能力是他们获得基础知识的"工具"，同时也是重点培养的目标。培养儿童的语言能力离不开儿童的语言智能，然而儿童的语言智能存在发展的不平衡性，主要表现为语言智能发展较早、一般人的语言智能、语言智能发展较晚，因此，很难提出一个针对所有人都实用的语言能力发展模式。

语言智能发展较早的儿童比其他同龄儿童的语言智能要强，他们在学习及运用语言方面会表现的得心应手。对于这些儿童，我们应尽早地去培养他们的语言能力，但是这种培养也要兼顾儿童其他方面的发展。培养儿童语言能力的主要措施包括：让他们去接触一些比其他同龄儿童更深奥的知识，在学习方法上对他们进行指导，督促他们平时要下功夫。由于语言智能发展较早的儿童在语言方面的学习会比较容易，因此对于他们随时会出现的浮躁心理要及时防备。

语言智能发展较早的儿童，语言能力比较容易培养，重点是语言智能一般和发展较晚的儿童，他们的语言能力比较难培养。培养这些儿童语言能力的措施主要包括：

（1）运用行为主义建立起儿童对语言能力的刺激—反应联结

语言智能一般或发展较晚的儿童，他们对语言并没有特别的热情，也就是对语言缺乏兴趣，但是兴趣是学习的动力，因此通过行为主义的刺激—反应联结来建立儿童对语言的兴趣非常重要。具体措施包括：奖惩办法，对于儿童在语言方面取得的成绩给予适当的奖励，必要时对儿童进行适当的惩罚也能促进他们的学习；寓学习于游戏中，玩是儿童的天性，如果能够将语言能力的学习与游戏结合，定会取得一定的效果。

（2）运用儿童在其他方面较擅长的能力来培养儿童的语言能力

根据多元智能发展不平衡的特性，儿童语言智能一般或发展较晚，并不

代表儿童的其他智能一般或发展较晚，儿童在其他方面的能力也会强于其语言能力。虽然九项智能之间是相互独立的，但是能力之间是可以相互影响、可以迁移的，因此可以借助儿童其他方面的能力来培养儿童的语言能力。比如，在数理—逻辑智能方面能力较强的儿童可以运用数理—逻辑能力来培养他对语言的理解能力，在音乐方面能力较强的儿童可以运用音乐能力来培养他欣赏语言的能力。

（3）运用遗忘规律来制定儿童对古今中外名著的学习方案

阅读古今中外的名著可以陶冶儿童的情操，而且许多名著在儿童未来的生活中都会用到，比如《老子》《唐诗三百首》《大学》《中庸》等，这些书籍对于语言智能发展较早的儿童来说，记忆比较容易，但是对于语言智能一般或发展较晚的儿童却有难度，因此只能运用遗忘规律在儿童早期利用其闲暇时间来背诵这些名著。一般情况下，很多人只是当时背诵下来之后就把它放在一边置之不理，转投学习其他知识，等到我们运用这些经典时，才发现已经遗忘的差不多。相同的时间内运用遗忘规律得到的知识比不运用遗忘规律得到的知识要多，掌握的也更牢固。不运用遗忘规律的学习就等于"黑瞎子掰玉米，掰一个丢一个"。这种学习方式不仅浪费了时间，也耽误了儿童在其他方面的学习。

3. 儿童早上学好，还是晚上学好

对于这个问题，笔者觉得不能单纯地断定是早上学好，还是晚上学好，这要因人而异。要儿童从他们所熟悉的家庭环境忽然进入到一个陌生的环境，这对他们来说是非常困难的，因此只有做好了入学前的准备，儿童才会更好地适应学校的生活。学校不像家庭一样，它是孩子们学习知识的地方，没有了家长的陪伴，一切都要他们自己去安排。儿童入学前的准备包括：智能是不是和其他同龄儿童处于同一成熟水平，儿童有没有暂时脱离父母独自照顾自己的能力，儿童有没有与他人和睦相处的能力，等等。笔者以为，只有具备这些基本的条件儿童才能入学，我们不能仅仅以年龄去断定该儿童是不是应该入学。我国实行义务教育，规定儿童到了一定的年龄阶段必须入学，是带有强迫性的，具有法律效力。因此家长需要做的是做好儿童入学前的准备。

至于怎样准备才能让儿童既能入学，又能在学校表现得好，笔者认为要从以下几点做起：首先，培养儿童适应新环境的能力，多带儿童去看看外边的世界，这样既可以增长儿童的知识，开拓他们的视野，又可以学会适应外界的生活；其次，家长平时要多带儿童与其他小朋友接触，培养他们团结协作的意识；再次，家长要善于观察自己的孩子，观察他们到底在哪些方面表现突出，然后就这些方面教给他们一些有用的知识，为以后孩子能够在学校表现突出打好基础；最后，根据自己孩子的出生日期合理安排入学时间，儿童一般是在九月份入学，那么在七八月份出生的儿童最好根据"自己的实际情况"选择入学与否，如果发现孩子的智力和能力方面与其他儿童差不多，就可以入学；但如果发现其智力和能力与其他儿童差距较大，就晚一年入学，这样可以避免孩子的智能跟不上其他人的智能水平，如果一定让智能发育较晚的儿童早上学，那么父母就要做好平时长期辅导孩子的准备。一般来讲，女生比男生发育快，因此，男生最好能够晚一点再入学。只有当一个班的孩子的智能成熟水平没有太大差别时，教学进度才能平稳地进行。

现在好多家长都是过早地将自己的孩子送入学校，如果没有做好入学前的准备，肯定会让孩子对学校生活留下心理阴影，进而影响他们在学校的表现，长此以往，就有可能形成一个恶性循环，孩子在这种情况下要做的和其他人一样好，也会花费大量的时间与精力，最后可能得不偿失，还不如让孩子晚些时间入学，让他们充分做好入学前的准备。当然，儿童也不能入学太晚，入学太晚儿童智能的成熟水平比其他儿童的智能成熟水平高，这使得那些入学晚的儿童显得与整个班集体格格不入，有些儿童还可能形成骄傲、自满、目中无人的缺点。因此，笔者希望各位家长不要以年龄去断定儿童该不该入学，入学前的准备工作做好了才是儿童能够入学的关键，只要家长肯花费时间和精力在儿童的入学准备这件事上，相信大部分儿童入学的时间还是差不多的。

4. 学会打破遗忘规律

刘老师是高三年级的数学教师，也算得上一位资深的老教师，他所带的班级数学成绩连续几年位列年级第一，高考时，他所带班级的学生也都取得了不俗的成绩。当问起这位备受学生尊敬的老教师，为什么他所带班级的数学成绩就比其他班好时，刘老师说出了自己的教学方法，刘老师在课上同其他老师一样正常讲课，下课后也会给学生布置家庭作业。但是不同之处就在于家庭作业这一块，别的老师会对今天刚学习的新课布置一大堆作业进行巩固，但刘老师布置的作业由两部分组成，一部分是对今天所学新课的巩固，而另一部分则是对以前学习内容的巩固。刘老师说，学生刚学习新课，然后用大量的作业去巩固，过多的作业效果不一定最佳。其实对于学生来说，运用这些作业的一半去巩固就已经足够了，那一半作业完全是在浪费学生的精力，注意到了这一点，所以只布置其他老师作业的一半给学生，然后利用另一半的时间让学生巩固以前学过的知识。比如，现在正学习新一章的知识，那么除了把本章的知识布置给学生外，还会把前一章的作业布置给学生，等学习到后面时，再把前面几章的作业综合起来布置给学生。这样学生不仅巩固了新知识，也复习了旧知识，有助于学生把知识串联起来，如果再另花费专门的时间让学生巩固以前的知识，对学生来说时间很紧张，尤其是对高三年级的学生来说。

刘老师的成功之处在于利用学生的自学时间，打破学生的遗忘规律。但是现实中许多教师并没有注意到这一点，只是一味地赶教学进度，对学习过的知识置之不理，然后再花费专门的时间来巩固，结果导致学生的时间不够用，最后搞得学生人心惶惶。

遗忘规律需要好好把握与运用。我们在复习功课时，有时感觉碰到的好像是新知识，这就是因为复习的间隔太长了。今后我们要有意识地运用这一规律，切莫以为什么时间复习都一样。

最好的方法就是复习、温故，这是古老而又实用的记忆诀窍。记忆是大脑皮层形成暂时神经联系的过程，建立起来的神经通路如果不畅通，原来大脑中保留的痕迹就会逐渐消失，而复习就是对大脑中的痕迹进行再刺激，及时复习就是在第一次痕迹未完全消失时，紧接着进行第二次、第三次重复刺激，重复刺激次数越多，痕迹越深；重复越及时，费时越少，费力越小，记忆效果越好。

有些教师多注重学科知识的积累，但是不懂得怎样有效地将这些知识传授给学生。笔者以为，作为一名教师，除了拥有丰富的学科知识外，更应该掌握教育心理学的知识，这是身为一名教师所必备的。案例中的刘老师不仅掌握了丰富的学科知识，也具备了教育心理学的知识，所以他教的班级一直在年级中名列前茅。

5. 如何培养儿童的兴趣

第一，关注儿童的发问，发现儿童的兴趣和爱好。

儿童有自己特殊的兴趣，没有谁比父母更能发掘他们的兴趣所在。小孩特别爱问"为什么"、"这是怎么回事"，面对他们千奇百怪的问题、强烈的好奇心，有的家长会显得不耐烦。然而，这些问题恰恰是求知的萌芽。儿童爱提问，是受好奇心的驱使，是兴趣爱好的标志，也是其智力活跃的行为特征。家长应以十分认真的态度关注儿童的提问，并耐心启发、解答，保护儿童的这种求知和探索精神，帮助他们解决"为什么"，认识"是什么"，并从儿童的发问中，仔细揣摩儿童的兴趣方向，发现儿童的爱好。

另外，扩展视野对发现兴趣很重要。儿童如果没有机会接触各种奇妙的事物，他们很难对外界发生兴趣，父母也就很难找出儿童的兴趣。因此，父母应该创造机会扩展儿童的视野。

第二，营造学习环境与氛围。

12 岁之前的儿童，还没有形成很强的自我意识，很容易受身边的人或事的影响。例如，想培养儿童在围棋方面的兴趣，不妨在一些闲暇时间摆上一盘围棋，家长先玩起来。在此过程中，无需做任何事情来吸引儿童注意，时间一长，他们自己就会主动过来询问并要求尝试。此时，我们兴趣培养的第一步便迈出了。

第三，父母与儿童共同活动，培养儿童的兴趣爱好。

善于教育儿童的父母应该创设与儿童共同活动的环境和机会，在共同活动中，既可以了解儿童的行为特征，又能洞察儿童的内心世界，还可以和儿童共同体验快乐，从而发现并培养儿童的兴趣爱好。在对儿童了解后，我们对儿童兴趣的培养就具有一定的方向性，不再是盲目地进行，也会减少我们对儿童兴趣与优势智能的摸索时间。

第四，家长要考虑到儿童的年龄特点，"适时而教"。

家长在培养儿童的学习兴趣时，切忌粗暴干涉、硬性强制或教条主义，应从儿童的年龄特点出发。在 12 岁之前，儿童出于对父母的依恋，而且自我意识并没有发展起来，他们会很听话，对于父母的一些要求一般都会顺从。所以，此时我们家长要做的就是给儿童正确的引导，营造有利的学习环境。

但是，一旦过了这个年龄阶段，儿童便开始不再那么顺从父母的一些意见，父母认为好的，在他们眼里或许就不是了。他们产生了自我意识，并开始出现叛逆。此时的兴趣培养，难度就会加大，而我们要做的便是坚持自己的一些正确观点，同时尊重他们，理解他们，陪伴他们。

当然，一般兴趣的培养都是在儿童成长的早期，12 岁之前是个关键期。过了这个阶段，父母想要从外界入手来"强加"培养，就不太可能了。这时，儿童的独立意识开始萌发，或许你下了一个月的围棋，他也不会好奇地过来问你并要求学习。此时，他们关注的东西更多，关注的人与事也不再只有家庭与父母，同伴关系似乎显得更重要，他们希望跟自己的小伙伴们黏在一起。

第五，对儿童兴趣培养的期望要合理。

在儿童刚开始学习时，家长对他们的期望不能超越他们已有的水平和他们通过学习最近可能发展到的水平，要及时肯定他们所取得的成绩。家长要依据学习成果调整心理活动，增强儿童的自信心和自尊心。

另外，很多家长对儿童的期望很高，认为培养儿童兴趣的目的就是为了成名成家。这种误区要及时纠正，从培养儿童自身修养出发去培养兴趣，比如对音乐的兴趣，应是以音乐为手段，培养其心灵的美感，欣赏的能力，陶冶其情感，激发智力和创造性。期望值过高，是对儿童兴趣的摧残。这样，儿童关注的不再是某个兴趣的本身，而是它能带来的某些外在利益。这也使我们的兴趣培养失去了最重要的意义。

三、关于家长和教师教育儿童部分问题的看法

1. 如何看待对儿童的表扬与批评

露露从小对钢琴表现出强烈的兴趣，学得也比别人快，露露的妈妈邓女士为了保持孩子的热情，经常表扬她："咱们露露是个天才""露露最聪明了"……过度的夸奖让露露自视甚高，甚至不愿意和学琴进步慢的小朋友一起玩。但是，等她上了小学后，发现其实很多同学的钢琴弹得比自己好。露露感受到极大的落差，变得很没有自信，再也不愿意弹钢琴了。

中秋节晚上，上初三的小林打算和几个同学去爬山，爸爸林先生担心夜晚爬山出意外，打电话叫小林回家。小林不肯，林先生生气地说："你这孩子怎么就这么不听话？叫你不要做的你偏要做，让你好好看书你看不下去，叫你不要去网吧你也不听。小时候也经常……"这一批评，新账旧账都翻出来了。一开始，小林还不安地听着，到后来，他心不在焉地等着林先生说完就把电话挂了。很多家长一定对这一幕不陌生，当孩子犯了错，很多家长情不自禁地"新仇添上旧恨"，从一件事说到另一件事，而孩子则从不安到无所谓到不耐烦。

上述是两个关于对儿童表扬和批评的案例，一个是对儿童表扬过度，一个是对儿童批评过度。从心理学角度来讲，表扬属于强化中的一种，也就是正强化。心理学上认为正强化又称"阳性强化"，个体做出某种行为或反应，随后或同时得到某种奖励，从而使行为或反应强度、概率或速度增加的过程。从心理学角度讲，批评就是惩罚，心理学认为惩罚就是当个体在某一情境中发生某一行为，立即引起令他厌恶的结果，那他在下次遇到同样的情境时，再发生这一行为的几率就会降低。表扬或者批评本来应该在儿童的成

长过程中充当动力的角色，但是许多活生生的案例显示，表扬或者批评已经成为儿童成长过程中的阻力，原因在于对儿童表扬或者批评要么盲目，要么过度。笔者以为，对儿童进行表扬或者批评应该明确地分清该不该对儿童进行表扬、批评，把握好表扬与批评的度。

该不该对儿童进行表扬或批评应该放到具体的情景中来作答，盲目地对儿童进行表扬或批评就是没有分清该不该对儿童进行表扬或者批评。对于这个问题，笔者从多元智能发展不平衡的角度进行分析。多元智能发展的不平衡性具体表现为就个体而言，个体的各项智能的初始水平及其成熟速度发展不平衡；就不同个体之间而言，他们某项智能的初始水平及成熟速度发展不平衡。许多家长其实并没有意识到这一点，有些儿童并非不努力，只是他们的智能成熟速度较慢，智能成熟水平低，他们努力了，但还是无法达到家长心目中的要求，有些家长还喜欢互相比较，结果就是一顿批评或表扬。对于家长这种只注重结果，不注重学习过程的做法，笔者并不赞同。另外，如果儿童智能比较低，就不能对他们进行批评，他们并不是不努力，只是智能发展的问题，可能孩子会想比家长所期望的水平表现得还要好，再进行批评反而会使他们丧失前进的动力，家长此时不妨对儿童进行表扬，表扬他们的每一点进步，使他们对不感兴趣的事情感兴趣。然而有些儿童某项智能成熟水平高，在某一方面表现突出，他们应该在此方面比其他大多数儿童表现突出，但如果家长对这样的儿童取得的稍微一点成绩就大加赞赏，很容易使他们浮躁，所以，家长应对他们加大难度，只有当他们达到预定的目标时再对他们进行表扬。

凡事都有一个度，过了这个度，就可能发生质变，表扬与批评同样要求讲个度。对儿童的表扬不能没有，不然他们会丧失动力；也不能太过于频繁，否则他们会觉得凡事都很容易，易造成儿童盲目自大。同样也不能不对儿童进行批评，不批评会使儿童的做事方式出现偏激，严重的会使儿童走向犯罪的道路；也不能对儿童频繁地批评，这样容易使他们全面地否定自我，给儿童带来一定的心理问题。至于怎样去把握这个度，并没有一个规定的标准，因人而异。教育儿童还需要家长与教师多多费心，为每一个儿童制定出适合他自己的奖惩措施。

2. 如何看待当"优等生"不再是"优等"这种现象

伟伟今年 13 岁，生日在 11 月份，如今他是一名初一的学生。

在上初中之前，伟伟的学习成绩在班里甚至在年级都排在前几名。老师对伟伟抱有很大期望，认为伟伟的发展潜力无限，为此总是在班里表扬他，班上的同学也都以伟伟为榜样。作为父母也同样觉得非常骄傲，对孩子的宠爱更是溢于言表。无论是在家里还是在亲戚朋友面前，伟伟永远都是所有父母期望的好孩子，所有同龄小朋友学习的榜样。伟伟也希望自己能够取得好成绩，维持好自己的"美好形象"，不能让爸爸妈妈失望，为此，伟伟很努力。

事情的转折发生在伟伟刚进六年级的那个秋天，伟伟的成绩出现了下滑，从前 3 名滑到了 11 名。知道了自己的排名后，伟伟很沮丧，担心会让爸爸妈妈失望。儿子一次"失误"，爸爸妈妈的反应没有太大，鼓励伟伟继续加油，好好努力。但是，自此以后，伟伟的成绩就差不多在这个水平上徘徊，尽管他很努力，父母也想了好多办法，结果都不甚理想。如此一来，伟伟的爸爸便开始焦虑，越来越没有耐心。在一次围棋考级的考试中，伟伟又没有考过，而比伟伟小两岁的明明却考过了，此时，爸爸竟然很粗暴地体罚了伟伟。其实，爸爸明白，虽然伟伟在六年级之前的学习成绩名列前茅，但是伟伟的围棋学习并不是很理想，甚至不如比伟伟小 2 岁的明明，只是之前的好成绩使爸爸妈妈并没有对此过多在意。

如今，伟伟进入初中，成绩也没什么进展，小学的"辉煌"早已成为过去，成绩一直在中游徘徊。进入青春期的伟伟也开始变得敏感，与父母的关系变得紧张起来。作为父母，他们不明白，为什么曾经那么"优秀"的孩子就变得如此普通？成绩为什么一直上不去？伟伟的爸爸对此很是自责，是不是自己的教育方式出了问题？伟伟也很痛苦，经常责怪自己，曾经那个令父母如此骄傲的自己到底哪去了？这中间到底发生了什么？

在我们的日常生活中，有不少和伟伟一样的人，他们在低年级时成绩非常优秀，但是到了高年级却慢慢地不再那么突出。这种"优等生"不再"优等"的现象令许多人感到困惑，在此，笔者根据智能发展不平衡理论进行分析，或许我们能找到部分答案。

第一，儿童出生时间的差异所产生的不平衡。

在同一个班级中的儿童，年龄分布不均，更别提月份了。在儿童发展的早期，智力与能力的发展跟机体的成熟度有很大关系。即使相差几周，儿童的机体成熟度就会存在差别，那么与其相对应的智力与能力的发展也同样存在差异。伟伟出生在11月份，在我们中国的教育制度下（满整六岁才允许上学，2000年11月份出生的伟伟到2007年9月份才能上学），伟伟在班级里比大部分的小孩都要大，机体成熟度要高。那么，伟伟的某些智能的发展程度比同班级的小朋友要高，相对应的智力与能力也属于上游，比其他儿童要强。所以，同一个班级早出生的伟伟，成绩当然会比其他小朋友要好。但是，我们要明白，12岁之前是儿童脑发展的关键时期，过了12岁，儿童的一些基本智能都渐渐开始发展完善了，由于机能成熟所带来的能力差异就不是很明显了。所以，在小学低年级时伟伟的智能原本就比他出生晚的儿童发展的要成熟，而到了后期，大部分儿童的机能都渐渐持平，此时伟伟本身所具有的优势就不再是优势。在其他方面都差不多的情况下，伟伟后期的学习成绩就不会很突出。

第二，个体之间本身发展速度的不平衡，呈阶段性。

除去出生时间的因素，同年同月同日生的儿童，其智能、智力以及能力的发展速度也是不同的。有些儿童在早期各项智能的发展速度较快，有些儿童则不然，他们的早期发展会比较慢，那么其相应的智力与能力也是如此。在同一个班级里，伟伟的突出成绩同样也可归因于其本身的智能、智力以及能力的发展速度较快。

早期发展阶段中，伟伟的机体成熟度快，某些智能、智力以及能力的发展速度相对于其他儿童来说也是发展较快的，他解决学习上的某些问题的能力就会比较强，那么在同样的年龄，伟伟就会显得"聪明些"。但是，过了这个阶段，伟伟的发展速度可能会减缓，与其他小朋友一样或是比其他小朋友要慢。所以，在学习能力上伟伟就不如从前那么优秀了。

同样地，或许在今后某个阶段伟伟的智力以及能力（这时候智能的发展规定性是主要的，其可塑性变得很弱，所以笔者认为到一定阶段后，便是智力与能力的差异，智能只是其一定的基础与支撑作用）的发展又会超过其他人，这也是不可预知的。人的一生都处在发展之中，努力是永恒与绝对的。

第三，智能不平衡发展的多种智能组后的差异。

智力是一种综合心理活动，它需要综合各项智能，从而产生解决问题的想法。能力是指为适应和改造环境，在有机体自身智能的基础上，运用智力解决实际问题的实践活动。这两者并不是单靠某项智能或某几项智能就可以完成的活动，需要各项智能综合作用。当然，所面临的问题情境不同，所需要的智能组合成分不同，各项智能的强弱比例也不同。一般来说，问题难度越大，问题情境越复杂，所需要的智能就会越多元。

在小学低年级，所需要掌握的知识与技能对儿童的智力与能力要求并不是很高，它更多的是依赖某一项或某几项智能的发展，也就是说，在某些智能方面较好较强，在当前的学习中就能取得好成绩。随着年级的升高，所要掌握的知识与技能对智能、智力和能力的要求更多、更广，不再是仅仅依靠某一项或某几项智能便可以解决的了。伟伟在早期的发展中，某一项或某几项的智能具有一些优势，在低年级的学习中，他可以游刃有余。随着年级的升高，学习方面更多要求各项智能的综合、全面发展，而伟伟的某些智能发展并不平衡，存在明显的弱项智能，比如，在围棋学习方面，伟伟的成绩一直不好，还不及比自己小两岁的明明弟弟，那么，各项智能综合后的伟伟在智力与能力方面并不具有明显的优势，所以他在六年级之后的学习成绩明显下滑，虽然他与之前付出的努力是一样的。

但并不是说，伟伟之后发展就会一直平平。不同的知识与技能，不同的问题情境，对智能的组合以及智力与能力的要求是不同的，就像七门功课都亮红灯的韩寒，也能成为全国中小学生最喜爱的当代作家。只要将智力与能力用到恰到好处，结果都不会太差。因为后天的努力往往会创造奇迹。

第四，教育的误区，家长缺乏对儿童不平衡发展的正确认识。

伟伟的父母甚至老师，缺乏对人类智能发展不平衡性的认识，只是看到伟伟目前的一些情况，就给予他过多的表扬、过高的期望。在儿童的成长中，表扬与鼓励是必不可少的，它能提升儿童克服各种困难完成任务的信心。但是过多的表扬、过高的期望就不可取了。

首先，它会莫名地增加儿童的学习压力，让儿童学习起来不是那么轻松；它会转移儿童的注意力，让儿童更多地关注他人对自己学习成绩的看法，无法全心全意地投入学习。伟伟对于父母与他人反应的关注就多于对自己学习本身的关注。

其次，学习的动机也不是那么单纯，不是出于对知识的渴求，而是为了保持自己的"好孩子形象"，使得内部动机不强而外部动机占据主要地位。伟伟的学习就是为了不让爸爸妈妈失望，这种动机是极其不稳定的，也不利于儿童的学习。

最后，在父母与老师不客观不理智的期望里，使伟伟对自己的智力与能力也缺乏正确客观的认识，自我感觉良好，一旦遭遇失败尤其是多次失败，便会产生极大的挫败感，以往的学习激情与信心很难再恢复。伟伟经过几次失败之后，自信心大受打击，本来他的学习动机就不稳定且不正确，多次失败的累积，伟伟的自我效能感就会大大降低。如此一来，伟伟的成绩就会很难再恢复到以前的水平。

因此，希望家长以及老师能够重视儿童智能、智力以及能力的发展不平衡性，对儿童建立适当客观的预期，给予儿童恰到好处的教育，这样更有利于儿童的成长。

3. 如何对所谓的"差等生"进行教育

小小，2003年8月7日来到爸爸妈妈的怀抱，由于出生时早产三周只有4斤9两，取名为小小。刚开始上幼儿园时，爸爸就发现自己的孩子在接受一些新事物方面比其他的儿童慢，在游戏中也表现出对一些游戏规则的不理解或是理解错误。慢慢地，进入了小学，小小相对于同年级的其他儿童来说，学习起来很是吃力，常常不明白老师在讲什么，作业必须是在父母的讲解下才能勉强完成。尤其到了三年级，写作练习课是小小最不喜欢的课，他几乎看不懂那些文字的意义，不知道它讲述了一个什么样的故事；也不理解看图写话中的那些图画到底要表达什么，自己到底如何写起。数学算是小小的强项了，可是一旦出现应用题，那么多文字读下来，小小往往就弄不懂题目意思了。所以，小小的学习几乎离不开爸爸妈妈的课外辅导，父母需要极大的耐心去教育教导他。

　　妈妈对小小的表现非常着急，有点急功近利，有时，小小的语文作业没有做好，妈妈就让他一直做下去，甚至做到晚上 12 点。有时，小小的作文没有写好，妈妈就让他背诵一篇关于这个方面的优秀作文，不管小小是否愿意，都强迫他背诵，可是，小小的写作成绩还是上不来，妈妈感到十分迷惑，甚至对小小的看法不知不觉中起了一些变化，有时开始打骂小小。

　　幸运的是，小小的爸爸对他的发展特点有着清晰的认识，并不像其他"差等生"的父母一样，焦急焦虑，打骂孩子，对孩子失去信心。他一直在期待孩子的后期成长，也在用自己的一些方法教育着、启发着孩子。

　　而如今，上六年级的小小，成绩已经在班里处于中上游了，并且一直进步着。

对上述现象，做如下分析：

第一，年龄小，其智能比其他儿童低。小小是班级中年龄最小的儿童，按一般规律来说，其智能的发展较别的儿童低，这是正常的，在学习中，对一些问题、语句的不理解就可以看出来。但是，这一问题是由年龄所造成的智能发展不平衡。

第二，小小出生时，早产、重量轻，自身没有发育完全，比别的孩子发育晚了一点，学习起来就很吃力。小小出生时只有 4 斤多，而一般发育完全的婴儿在出生时体重应该达到 6 斤，至少 5 斤以上，显然小小的机能发展早在妈妈腹中就与其他儿童不同步。有研究发现，出生时体重偏低的婴儿，在行为及应答能力方面就会比其他体重正常的婴儿要差。

第三，小小的智能发展本身就比其他儿童要慢。从上述材料中我们可以发现，小小智能的成熟与同年龄阶段的儿童相比较慢，当别的孩子已经发展到 5 岁的智能水平，小小可能就只有 4 岁左右儿童的智能，所以将小小与其他儿童放在一起比较，就会显得小小比较"笨"，反应也比较"迟钝"。

第四，个体早期的发展主要受智能的规定性影响。在成长早期，人类的智力发展与能力展现主要受智能基础的影响，而智能基础一般与我们的生理基础具有莫大的关系（智能的规定性），小小的生理成熟度低，并且智能发展速度较慢（与同年龄阶段的儿童相比），所以他表现出"愚笨"，而上述的伟伟成熟度较高、智能发展速度较快（与同年龄阶段的儿童相比），他就表现出"聪明"。但是随着年龄的增长，生理的成熟都到了一定程度之后，在某一个阶段里，儿童的一些基本智能的发展水平都相差无几时，在其他条件都差不多的情况下，原先的"聪明小子"就不再那么"聪明"，而那些"笨蛋"也奇迹般的赶上了。

第五，知彼知己，百战不殆，家庭教育应发挥作用。作为父母与儿童朝夕相处，对儿童的了解远远高于老师，所以，家庭教育在儿童早期成长中起着关键性的作用。小小的父亲了解小小的智能发展规律，对孩子的未来发展也有比较理智的预期与认识，并且在尊重儿童发展规律的前提下，对他提供了适当适时地教育。

此外，针对儿童智能发展不平衡的特点，笔者给出的建议是"三到位"，即认识到位、辅导到位、方法到位。

（1）认识到位

这是指要对儿童的智能发展特点有着正确的认识，明白儿童的智能发展具有不平衡性，对于儿童的当前发展特点不能过于乐观，也不能过于悲观。要知道，父母的适当期望，是以后儿童健康成长并取得成功的关键因素之一。

（2）辅导到位

只依靠学校教育并不利于儿童成长。家庭教育应该发挥其应有的作用，尤其是在儿童发展的早期，家庭教育的作用往往会超过学校教育。至于如何辅导，是每个负责任的父母必须考虑的问题。"知子莫若父"并不是无稽之谈，有一定的科学依据。作为父母，要采用适合儿童的特点，针对儿童的弱项智能，给予强化与练习，并对学习的结果进行及时反馈。在儿童的早期发展中，行为主义的作用占据主导地位，父母可以就儿童智能的一些特点从外部环境入手，利用行为主义的一些方法，来发展儿童的各项智能。

（3）方法到位

在方法方面，没有适用于所有儿童的方法，"一把钥匙开一把锁"。所谓方法到位，是指在认识到位与辅导到位的基础上，家长根据自己对孩子的了解找到教育孩子的适当方法，恰到好处。

图 11-4 家庭教育是儿童早期教育中最重要的教育

4. 不要对儿童期望过高

1993 年 4 月 29 日，峨眉山市的一个杀死父母、杀伤胞弟的 19 岁杀人犯彭足伟被依法处决了。父母非常疼爱他，然而他竟亲手杀死了父母。而法医鉴定他精神正常。人们不禁要问，究竟是什么原因使其用残暴的手段杀死父母，杀伤同胞兄弟呢？

彭足伟的父母曾经把对未来的希望都注入长子彭足伟身上。望子成龙、出人头地是他们家教的基本准则。他的父亲经常指着电视里的镜头对他讲："你长大了，就要像这些大人物一样给老子风光风光!"为了使彭足伟能考上高中、大学,每天他放学回家后,父母就不再让他下楼去玩,而是把他关在家里死啃书本,读报也被视为不务正业,几乎剥夺了他与别人交往的权利,并扼杀了他所有的业余爱好。专制的教育方式使他愈来愈难以忍受,厌学的情绪不断滋长。对父母的苛刻要求,他从洗耳恭听逐渐到公然对抗。本来基础较弱的他,学习成绩不断下降,父母不是帮助分析原因,而是一味责怪"没出息"。久而久之,父母的畸形教育观念带给他的是心理上的畸形发展。用彭足伟的话说,家里不像家,而像个派出所;父母就是所长,他就是小偷。彭足伟在押时说:"父母对我的学习要求太高,我永远也达不到,所以我恨他们。"在他的日记中有一段令人深思的话:"我对天下父母说的最后几句话:父母不但要在生活上、身体上关心孩子,而且更应该关心孩子的心理健康,因为心理健康才是真正的健康。另外,就是要根据自己孩子的能力提适当的要求。不要提不切实际的过高要求。"

据一项调查显示:上海市区和郊区共有57.8%的家长要求孩子"样样争第一"。市区77.9%的家长希望自己的孩子达到大专及大专以上学历;对于孩子的职业,市区91.8%的家长希望自己的孩子从事脑力劳动。天津曾进行过一项学生升学愿望的调查,发现家长和孩子的愿望有明显的冲突。孩子愿上中专、技校的人数比家长想象的多,家长愿子女上大学、大专的人数是孩子愿望的两倍。

上海和天津只是家长对孩子期望过高的一个缩影,在中国没有哪个地方的父母不对孩子期望过高,中国的父母望子成龙的心情特别迫切,父母对子女期望值过高已成了一种特殊的病态。

"你周末必须去上奥数班,不然会让别人比下去","这个学期的夏令营你就别去了,留在家里好好学习吧","你看看人家多风光,将来你一定要超过他"……这些是家长对孩子期望过高的一些表现,还有许多许多。

从某一个角度来说,出现这种问题是家庭教育的误区,或者说是家长认识不到位，他们总是认为只要孩子付出了，那他就必须得到相应的回报，这是把儿童当成机器来看待，再说机器还有坏的时候，家长不要忽略了儿童的年龄特征以及与此相应的身心发展状况、智能成熟水平。对儿童期望过高会无形中给他一种压力，他们那么小的年龄，还不懂得怎样化压力为动力，对他们来说，压力就是一种阻力。刚开始孩子可能会反抗，久而久之，也就麻木了。可能还会出现"期望越大，失望越大"的情况。

有一种爱叫做放手，当然这种放手并不是说对孩子的成长置之不理，对孩子没有期望。只是这种期望要实事求是、因势利导、顺其自然。因为智能发展是不平衡的，给孩子的压力不能超出其自身智能、能力太多，否则会适得其反。每个人都有自己的特点，要设身处地地为孩子排忧解难，而不要硬逼孩子，不要无休止地对孩子要求这个那个，不切实际地急于求成、拔苗助长只会事与愿违。俗话说："三百六十行，行行出状元"，家长没有必要把关注点只放在某一个方面，而是要给他们放飞的空间，引导他们的成长。顺其自然的成功对儿童的成长更有利。

5. 如何看待儿童的"不循规蹈矩"

美国作家迪·恩·帕金斯有一篇著名的短文，写了这样一个故事：儿子走上前来，向我报告幼儿园里的新闻，说他学会了新东西，想在我面前显示显示。他打开抽屉，拿出一把还不该他用的小刀，又从冰箱里取出一只苹果，说："爸爸，我要让您看看里头藏着什么。""我知道苹果里面是什么。"我说。"来，还是让我切给您看看吧。"他说着把苹果一切两半——我认为他切错了。我们普遍认为，正确的切法是从茎部切到底部窝凹处。而他呢，却是把苹果横放着，拦腰切下去，然后，他把切好的苹果递到我面前："爸爸，看呢，里面有颗星呢。"

首先，要解释一下循规蹈矩的含义。现在许多家长都希望自己的孩子不能太老实，这样容易被人欺负，孩子一定要有侵略性才可以，所以家长从小就教育孩子不要循规蹈矩。这则案例也是劝诫家长不要让自己的孩子循规蹈矩，但需注意，此处的循规蹈矩是指做什么事情都受条条框框的束缚。

在本案例中，从横切面看，苹果核果然显出一个清晰的五角星状。这个看似错切苹果的故事揭示了一个被许多人忽略的问题——怎样面对儿童不循规蹈矩的行为。在现实生活中，我们常见一些家长总是习惯用常规的条条框框要求儿童"必须如何""不能如何"。当然，这样做没有什么不对；但如果事事如此，时时如此，必将制约儿童的言行，束缚儿童的思维，甚至破坏儿童的创造力。

儿童，特别是年幼的儿童，在家长看来，可能认识水平较低，做事幼稚可笑，但我们千万不能事事都用常规作标尺，去衡量儿童行为的正确与否，更不以蔑视他们那些不合常规的思维和行为，或者以成人的观点指责他们。而应该因事而异，有所区别。也许只要打破某些思维的定势，眼前就会呈现新的风景。儿童大脑的潜力往往超出大人们的想象，我们不应该低估儿童的能力，而应该让他们大胆地去想去做。对于儿童的不"循规蹈矩"，应该适当宽容，因为其中说不定就包含着前所未有的创造。要宽容儿童某些不合常规的思维和行为，赞赏其中有价值的东西，使其心里"自信"的萌芽坚强勃发，茁壮成长。

6. 学会站在儿童的角度看问题

数学单元测验的成绩出来了，果果一脸喜悦地回到家。

"爸爸，我们今天考数学了。""考多少分？""98 分，"果果有点胆怯地说，"你肯定会说我。""你为什么不能考第一名，第一名是谁，考了多少分！""是罗子雯，99 分。"果果有点不高兴地回答道。我似乎并没有察觉，接着说："怎么又比她考得差？你努点力行吗？""你凭什么说我没努力？我都考第二名了，老师还表扬我了呢，就你总是不满意。"果果生气了，她提高嗓门喊了起来。"你怎么这么不懂事，我这不是为你好吗？你看人家罗子雯，每次都考得那么好，哪像你时好时差，也不知道争点气。""你为什么老是批评我，总是说别人好。"果果气冲冲地走进自己的房间，"砰"的一声把门关上了。我也生气了，恨女儿不懂事。

没过多久，我妻子下班回家了，果果打开房门，并向妈妈说：

"妈妈，我们今天考数学了。""是吗，这回得了多少分？""98 分呢。"果果有点撒娇地说，"我可是全班第二名。""好啊！我家果果就是厉害，又考了第二名，下次加油，争取考个第一，我说了你很有潜力吧，妈妈相信你一定会提高的！好不好？""好！我会努力的，一定考个第一，妈妈！"果果高兴地回答道。

上述案例中，爸爸只是站在自己的角度看待果果的成绩，按照他的意愿，果果应该考第一名才可以；但是妈妈没有，妈妈是站在果果的角度来看待果果的成绩的，果果觉得自己能够考到 98 分已经不错了。如果我们仔细观察，可以发现，果果与爸爸的谈话是不欢而散，而与妈妈的谈话是高高兴兴的。

"你给我……""你听着……""我希望……"，这是很多家长与孩子交流时常用的语句。大多数家长在教育孩子的时候，喜欢告诉孩子应该怎么做、如何做，但却不告诉他们为什么这样做，只是把成年人认为的一些想当然的想法强加给孩子。结果事情往往向着相反的方向发展，让做的没有做，不让做的倒是都做了。在我们抱怨孩子不能体恤家长良苦用心的时候，是否也应该在除了关心孩子的吃、穿、学外，试着去了解一下他们的内心呢？很多父母只是一味地要求孩子，要他们达到某种高度，不然就是表现不够好、不够聪明，殊不知，这样的教育方式给孩子带来的是沉重的负担和伤害。其实，作为父母，我们有必要思考这样一些问题：我们有没有想过孩子需要的是什么？我们有没有与孩子站在同一角度上，来倾听一下他们的需求？我们有没有站在孩子的角度思考问题？如果这些都没有做到的话，我们又凭什么来教育孩子呢？

"己所不欲，勿施于人。"每个人都希望别人能理解自己，孩子也是如此。只有站在孩子的角度看问题，与孩子进行沟通，才是对孩子进行成功教育的制胜之道。站在孩子的角度，是对孩子的尊重，是有效沟通的一种重要技巧。它能避免和减少对话双方的戒备和猜疑，弱化和消除对话过程中的不愉快，能使我们更好地了解对方，传递我们的意见。父母想纠正孩子的不听话行为，就应该学会站在孩子的角度去看问题，就应该做到以下几点：

（1）对孩子永远保持真诚

在与孩子的交往中，不要有任何虚假，这就要求父母能客观地意识到自己在想什么、感受什么以及做什么，除此之外，真诚还意味着父母要向孩子表明自己的思想和感受，当自己的工作没有做好时，父母可以说自己很灰心；如果父母对孩子很生气，直接对孩子表露这种感受比用隐讳的方式更好。

（2）放弃大人自我的成见

父母应该明白，大人的世界是大人的世界，孩子的世界是孩子的世界，这两个世界是不一样的。如果父母硬要用成人世界的要求来对待孩子，势必会发生许多亲子关系上的问题和不愉快。因此，父母应该学会放弃自己的成见，试着用"孩子世界"的眼光来了解和认识孩子。

（3）学会与孩子换位思考

站在不同的位置会看到不同的风景，处于不同的立场会产生不同的观念。作为父母，应该学会换位思考的方法和技巧，当孩子遇到问题时，能够迅速从孩子的位置和角度来看待问题、分析问题，才能有效地解决问题。不仅如此，换位思考，还是一种了解孩子真实想法、快速拉近与孩子心灵距离的有效方法。

总之，父母和孩子之间不是主人与奴隶的关系，而是一种平等、尊重、关心和信任的友谊关系。父母要尊重与理解孩子，要能站在孩子的角度看待问题，这样才能赢得孩子的信任与友谊，才能更有效地解决孩子的不听话问题。

7. 用心关注儿童的心理健康

王世博，女，四岁，性格内向，安静，各项能力都均衡发展，吃饭穿衣等日常生活中能照顾好自己，但对新环境融入得比较慢，缺乏自信和安全感。主要表现在：

第一，开学入园一直到现在伙伴很少，基本都是原来小班的伙伴；与老师之间开始不愿沟通，在老师的引导下用了近半个月的时间，只能做到"问了说"，不问从来不和老师说多余的话。

第二，签到工作：孩子每天签到时，回答完老师的问题后，都要先看一下老师，得到老师的肯定后才敢去操作，只要是关于单个操作、提问都需要老师的鼓励及肯定，其实她的回答和选择是正确的。

第三，孩子会因为家长看似很平凡的一句玩笑话闹情绪。这天她如往常一样入园，在老师的指导、鼓励下完成签到工作。不一样的是，她第一次极度不愿意留下。她一边趴在护栏上，看楼下的布布和小朋友们游戏时那种不愿离开的眼神，一边因妈妈要走哭闹着不愿留下。最后在妈妈"狠心"留下她的那一刻，她绝望地"哇"一声哭开了。随着老师的安抚、时间的流逝、游戏的开始，她不哭了，但仍表现出很不开心的样子。不愿参加游戏，一个人坐在小屋里，不管游戏有多精彩，老师怎样劝，她都一句话不说，一直哽咽着。

当我们将这一情况反映给她的妈妈时，妈妈说了一句看似很平常的话："可能是因为早上孩子爸爸在给她开玩笑时说了一句，今天你去幼儿园，我们就都到亲戚家喝酒，你就不能去了。她还惦记着，所以闹情绪。"通话结束后，在询问孩子情况时，孩子边哭边点头，害怕爸爸妈妈丢下她。利用放学接送时间，给她妈妈交流孩子近段情况时，妈妈说："孩子胆小，出去和别的小朋友玩时，遇到有小朋友争玩具或欺负她，孩子就只是哭，问了也不说。只是用摇头和点头来表达；有时候回家问她在幼儿园学了什么或问一些儿歌时也不说，但在我们不经意时会发现她一个人在表演些什么，一看到我们就停了；去到一个陌生的地方或遇到陌生人时会紧紧地拉着我的衣服，表现出不愿接近的行为。"不愿上学的谜团揭开了，新的问题又出现了，孩子为什么会这么在意这句话，对这句话表现出这么强烈的反应，从幼儿心理学的角度来说：孩子缺乏安全感。

世界卫生组织对"健康"的定义是："健康不但是没有身体上的疾病和

缺陷，还要有完整的生理、心理状态和适应社会的能力。"概括起来，就是"身心"健康才算真正的健康。结合儿童实际情况发现，儿童常见的心理问题主要有九个方面，包括入学适应问题、学习方面问题、厌学逃学问题、人际交往方面的问题、意志障碍、问题行为、人格障碍、依赖心理、考试怯场的恐惧心理。

产生这些问题的原因很多，总体来讲，主要包括两个方面：

第一，家庭原因。

（1）父母没有尽到监护人的职责。从一些问题儿童的家庭背景资料来看，父母的失职是造成儿童发展不正常的重要原因。许多家长忙于生计或双双外出，而未能尽到管理教育儿童的职责，或虽在家但疏于管理教育儿童。有的父母干脆寄托儿童的爷爷或奶奶看管，而老人则一味溺爱，儿童的生活缺乏严格的管理，使他们养成自由散漫、任性等坏习惯。有的儿童父母离异或者自己身体有残疾，给他们的心理造成难以愈合的创伤，形成孤僻、自卑等心理问题。

（2）家长对儿童严没"度"，爱没"方"。大多数家长"望子成龙"心切，对儿童期望值过高，限制儿童在学习生活中的自由，扼杀儿童的个性发展。有的家长不能接受儿童在学习中的失败，不注意方式地指责、羞辱儿童，给儿童加大了心理压力。相反，有的家长对儿童过于宠爱，大多数独生子女在家里被视为"掌上明珠"，一家人围着"宝贝疙瘩"转，事事顺从他们，使他们养成了自私、任性、专横等毛病。

（3）父母不尊重儿童的人格，与他们的思想难以沟通。现在许多家长能做到在物质上尊重儿童，在精神上却做不到，不能平等对待他们。人都需要精神生活，所以，必须关注儿童的精神需求。同时，由于成年人整天忙于工作，对于新事物接受较慢、较少，而孩子正处于学习阶段，接受新事物快。因此，两代人之间的思想沟通就会存在许多困难。

第二，学校原因。

（1）对于学生来说，来自学习方面的压力太大。有的学校"应试教育"主宰、统揽一切，高强度的学习任务，满负荷的课余安排，频繁的考核、竞赛，以及同学间的"不健康竞争"等，势必对学生形成巨大的"心理压力网"。

（2）教师教育方式不当。有的教师一味抓所谓"教育质量"，忽视了对学生健全人格的培养。学生的个性不能张扬，能力、特长无"用武之地"，产生了严重的厌学情绪。少数教师歧视、羞辱差生，对待有缺点错误的学生，工作方法简单、粗暴，常常为学生一个小小的失误而大动肝火，甚至体罚和变相体罚学生，使学生神情恍惚、精神紧张，给学生心灵造成严重伤害，久而久之，他们会产生胆小、恐惧等心理障碍。

怎样教育儿童才能更好地避免更多心理问题的产生呢？笔者认为，家长最好能够做到以下几个不要：

（1）注意不要过分地关心儿童，这样做容易使儿童过度地以自我为中心，认为人人都应该尊重他，结果成为自高自大的人。

（2）不要贿赂儿童，要让儿童从小知道权利与义务的关系，不尽义务不能享受权利；不要太亲近儿童，应该鼓励儿童与同龄人一起生活、学习、玩耍，这样才能学会与人相处的方法。

（3）不要勉强儿童做一些不能胜任的事情，儿童的自信心多半是由做事成功而来，强迫他们做力所不能及的事情，只会打击他们的自信心。

（4）不要对儿童太严厉、苛求甚至打骂。这样会使儿童养成自卑、胆怯、逃避等不健康心理，或导致反抗、残暴、离家出走等异常行为。

（5）不要欺骗和无谓地恐吓儿童。吓唬儿童会丧失父母在儿童心目中的权威性，以后的一切告诫，儿童就不会服从了。

（6）不要在小伙伴面前当众批评或嘲笑儿童。这会造成儿童怀恨和害羞的心理，大大损害儿童的自尊心。

（7）不要过分夸奖儿童。儿童做事取得了成绩，略表赞许即可，过分夸奖会使儿童产生沾沾自喜、追求虚荣的不良心理。

（8）不要对儿童喜怒无常。这样会使儿童敏感多疑、情绪不稳、胆小畏缩。

8. 家庭教育与学校教育应该相一致

英语老师要求学生每天回去读英语、背诵英语单词，为了保证学生能完成作业要求家长签字证明，一名同学没有签字，老师就问其原因，学生说："爸爸说我不会读，不签。"老师说："那你回家后先听录音机跟着读，再读，再背。"第二天，主动把签字给老师看，说："爸爸要我给你看。"书上写着："请老师在学校抓紧些。"老师很无奈，学生几乎每天都上英语课，如果学生回家不读不看不记，单靠老师上课时间抓紧，能行吗？

家庭教育和学校教育，是儿童早期必然接触的两种教育。我们提倡家庭教育和学校教育要协调一致，是希望能将两者很好地结合在一起，不要忽视任何一种教育带给儿童的积极作用，家长作为儿童最亲近的人，老师作为儿童成功路上不能缺少的人，如果能将二者的教育理念相混合，对儿童的教育效果一定会有很明显的改善。家庭教育和学校教育相统一的重要意义如下：

第一，家庭、学校教育相结合才能提高教育整体效益。

家庭教育和学校教育虽是两种特点完全不同的教育，但教育是个延续性的过程，这两种教育在儿童的成长过程中同等重要，无法割裂。这种连续，不仅表现在时间（即纵向）的连续上，也表现在空间（即横向）的连续上。按照现代理论——系统论的观点，任何系统都是一个有机的整体，它不是各个部分的机械组合或简单相加，系统的整体功能是各要素在孤立状态下所没有的新质。家庭与学校作为社会这个大系统中的组成要素，在教育这个过程中是不能将二者割裂开来的。如果在儿童入学后，家长就放弃了家庭教育，儿童就很难形成一个完整的健全的人格。

第二，教育对象多样化是家庭、学校教育结合的必要性。

学校教育和家庭教育有着各自的优势，有时是一致的，有时是互补的。强调任何某一方面或忽视某一方面都不可取，还会造成教育的不完整和教育的失误。在学校教育中儿童可以感受到群体教育的氛围，但学校教育是一种针对许多儿童的共同点的"共性教育"，这种教育的最大特点是"标准化"，即在教学过程中力求使更多的儿童在某一阶段都达到某一个标准。但每个儿童都具有独特性，他们是有区别的，这种区别不仅表现在外貌的不同，也表现为内在的心理、素质、能力、性格等各方面的差异。因此，在这种情况下，家长对孩子的教育目的应该是：为了自己的孩子将来能够自立于社会，要针对孩子的特点进行"个性教育"，特点是"个性化"。让孩子在家庭中，接受最大限度的因材施教。在此过程中，他充分享受着亲情，心理上更容易接受教育，更有利于个性发展。由于家庭教育的教育目的明确，对孩子的各种情况更加了解，教育方法灵活、有针对性，再加上不受时间、地点的限制，教育效果将会更加理想。

第三，家庭参与学校教育形成家校合力，已成为现代教育的重要标志。

家庭教育所具有的特殊功能，是学校教育和社会教育所不能替代的。只有实现家庭、学校、社会教育的有机结合，建立全社会共同育人的大教育体系，育人环境才能得到进一步优化，全面提高民族素质的宏伟教育工程才有可能完成。

然而在当今的教育问题上，家庭与学校常常会存在明显的分歧。过度看重学习成绩的好坏、名次的位置，忽视了对儿童品德修养和心理素质的教育。有的家长对儿童采取物质刺激，考试取得好的名次，均以物质奖励。有的家长过分溺爱，纵容儿童，严重者在充当"反面教员"。有的父母在对待子女教育的态度上不一致，使儿童无所适从。有些家长由于工作节奏快、强度高、压力大，或忙于生意场而无暇顾及儿童，更谈不上与儿童一起玩耍、交流、沟通，疏于和儿童架起沟通的桥梁。种种不良的教育方式，与学校的教育理念早已严重脱轨，重身体轻心理，重智育轻德育，重物质满足轻精神需求，重智力因素轻非智力因素，似乎已经成为学校教育与家庭教育的主要误区。

家庭教育与学校教育怎样才能保持一致性呢？笔者认为至少要做到以下几点：回归父母的家庭教育责任；进行家庭教育的培训；多种形式创建联系桥梁，比如，家访、校访等；常抓不懈，不能临渴掘井；家长应该主动到学校了解学校对儿童教育的要求；家长应该主动经常向老师了解儿童的情况；家长应该主动配合学校工作。然而，这些最重要的是切忌形式化。

9. 不要把儿童的消极看成是懒惰

小华现在是一名小学三年级的学生，最近他一直在为一件事头痛,爸爸妈妈在他学习音乐这方面总是说他变懒了,让我们一起来看看这是怎么一回事。原来小华在很小的时候,就表现出了对音乐的天赋,嘴巴没有闲过,总是能够听到他在哼哼唧唧地唱着什么,爸妈发现这种现象很是高兴,还花了不少钱为小华报了音乐辅导班,幻想着自己的儿子有一天能够以小童星的姿态出现在各大综艺节目的舞台之上。小华刚开始上辅导班时,表现得很积极,学习音乐也很认真,可是最近一段时间不知道怎么了,去上辅导班时心不在焉,有时甚至就直接不去。爸妈发现小华最近的表现后总是严厉地批评他,说他变懒了,以前不是这样子。小华试图跟父母解释怎么回事,可他们根本就听不进去,反而批评小华更厉害了。

在这个案例中,笔者发现两个现象:一是小华最近的变化在家长看来是懒惰的表现,一是小华试图跟父母解释自己为什么会在学习音乐方面变成现在这样,父母没有听进去。综合这两个现象,可以推断出小华最近的行为变化不是懒惰,试想,如果小华觉得自己的行为也是懒惰的话,那么他就没有必要再去跟父母解释了。在笔者看来,小华的行为是消极的表现,而非懒惰,其实好多人很容易将懒惰与消极混淆,但二者是有区别的。

从心理学上讲,懒惰是一种心理上的厌倦情绪,它的表现形式多种多样,包括极端的懒散状态和轻微的犹豫不决;而消极则是对正在进行的某件事的一种逃避。造成懒惰与消极的原因也有所不同,造成懒惰的主要原因是因为厌倦;而造成消极的主要原因是力不从心。上述案例中,笔者之所以说小华的行为属于消极而非懒惰,就是因为小华的行为恰恰是一种逃避。至于造成小华消极行为的原因可做如下分析:因为智能的发展存在不平衡性,能力的发展也存在不平衡性,唱歌属于能力的一种,但它也需要相应的音乐智能作为基础。刚开始小华音乐智能的成熟水平可能比其他大多数同龄儿童稍高一些,所以会表现出对音乐的喜爱,后来,小华音乐智能的成熟速度慢了下来,音乐智能的成熟水平也与其他大多数同龄儿童差不多,随着学习内容深度的增加,小华感到自己对音乐的学习已经没有以前那么随心自如,小华为了逃避被别人比下去,所以才选择经常不去辅导班,就算是被别人比下去，小华也有借口说自己是因为没有参加辅导班才造成的。因此，在笔者看来，小华音乐智能的发展状况是造成小华目前状态的一个主要原因。当然，造成小华这种能力不平衡现状的原因还有其他，比如，学校学习的压力，与辅导班老师的关系等。而造成懒惰的主要原因是厌烦，以小华之前对音乐的热爱程度来看，不太可能。除非他有一种音乐界再无对手的感觉才会表现出这种厌倦，而这根本不太现实。因此，家长不要武断地判断儿童在某方面做得不好，到底是由于消极还是懒惰，只有找对原因，才能更好地找到解决方法，也才能更好地使儿童在正确的道路上前进，否则，只会使儿童离正确的道路越来越远。

10. 如何看待家长不让儿童做他们喜欢的事情这种现象

小孔是小学六年级的学生，在班内成绩属于中上游，还算可以。但是小孔的父母却对他的成绩不满意，他们总以为孩子的每门成绩都考到一百分才可以，将来才能适应这个竞争日益激烈的社会。为此小孔的父母给小孔请了专门的辅导教师，把小孔放学后的闲暇时间都占用了，甚至在周六日还要小孔去辅导班补习，小孔平时喜欢玩吉他，本来放学的时间小孔都要在房间练习一会儿，可现在，小孔连玩吉他的时间都没有了，小孔对父母的这种做法很是抵触，总是偷偷地玩。每次被父母抓到，总是被劈头盖脸地骂一顿，有一次小孔偷玩吉他又被父母抓到，父母又是惯常地骂了小孔一顿，这次小孔学会了反抗，小孔对父母说："我学习已经够累了，玩吉他休息一会儿又怎么了。"父母听到这话，骂的小孔更厉害了："玩玩玩，就知道玩，你知不知道你再玩的时候别人都在学习，你跟别人之间的差距又扩大了，玩吉他有什么用，将来能当饭吃?! 玩物丧志，好好学习才是正道……"父母说起来没完，小孔瞬时感觉头都大了。放下吉他，默默地去学习了。

在我国，小孔父母的教育方式应该普遍存在，他们只是众多父母的一个缩影而已。当然，小孔父母这样做的初衷也是好的，望子成龙、望女成凤并没有错，然而，笔者认为，对于儿童喜欢的事情进行干涉要分情况，不要看到他们做一点与学习无关的事情就大加阻止。

当儿童出现以下情况时，父母有必要进行干涉。例如，他们在自己喜欢的事情（指与学习关系不大的事情）上花费过多的时间，并且已经严重影响到学习时，父母应该干涉。比如，小学生花费大量的时间看漫画书，甚至是在上课时偷偷地看。但需注意，父母在干涉时，不能使用武力手段，更不能是一味地责骂，这样孩子根本就不知道自己到底错在哪里，父母应该给孩子讲道理，让他们知道自己这样做的危害是什么，让他们知道自己的错误。或者是发现孩子沉溺于影响身心健康的事情时，哪怕是发现他们有这方面的苗头时，父母都应该及时地制止，比如沉溺网络、游戏时。这些东西不但影响孩子的学业，对他们的身心健康也有一定的消极作用。

根据多元智能发展不平衡理论分析，儿童有除了学习以外其他方面的爱好是正常的，比如，音乐智能强的可能喜欢音乐，像小孔喜欢玩吉他，空间智能强的人可能喜欢画画等。儿童在某一方面智能强，他们对这方面感兴趣是理所当然的。全面发展是有道理的，能力是几种智能以及知识和经验的合力，父母应该注重儿童的全面发展，学习不是全部，给他们一些时间去做自己感兴趣的事情可以缓解他们在学业上的压力，只要家长能够把握好这个度，但像小孔家长的做法只会让小孔更讨厌学习，再说现在学校都提倡全面发展，家长就更不应该大加干涉了。孩子有一技之长，可以增加他们的自信，能够扩大他们在学校的交际圈。所以说，孩子有自己喜欢做的事情不是一件坏事，学业也不是他们的全部生活，请给孩子一些时间，让他们去做自己喜欢的事情。

11. 如何看待家长喜欢拿自己的孩子和别人的孩子作比较这种现象

我现在经常都不知道自己在想什么，也不知道自己想要什么？好像从记事起，我的爸爸妈妈就不断地拿别人和我比，尤其最喜欢拿我和表姐比。我有一个同龄的表姐，学习成绩非常优秀，还参加过奥数竞赛，拿过几次奖。每次考试，老爸老妈都要把我的成绩和表姐作比较，有时还要和我们班上几个学习尖子的成绩进行比较。基本上每次比较，我都处于劣势，所以我很反感。我老爸老妈平常最喜欢说的话就是："你看看你表姐，你要是有她一半，我们就不用操心了。"每次听了这话，我总觉得很难过。我说：我不可能成为表姐，我只能成为我自己。我真搞不懂他们，他们难道不明白人各有所长，每个人都有自己的个性特征，也都有自己的长处、短处的道理吗？再说我不是不想学好，我也在努力，可为什么我的成绩他们都看不到呢？我生气的时候老在想，他们干脆认表姐做女儿算了，反正自己总是比不上她。我甚至都不想再待在家里了，我讨厌任何人。为什么他们都不能了解我呢？

我真是很倒霉，我觉得我从娘胎出来就被我妈妈拿来和别人比。说我这个不如表妹，那个不如表妹，本来我很喜欢我表妹的，但因为我妈妈老夸她，现在我恨死她了。从小妈妈就说我不如她，大了说我什么也不会干。说我在家不知道做家务，但是事实并不是如此，表妹也不像妈妈说的那样如何如何的好，我也不像妈妈说的什么也不干，好多人都看在眼里，但是为什么妈妈只相信表妹说的话？有时，气不过了我就大叫："表妹好，你给她当妈去成不？你天天讲天天讲！你不烦，我烦啊！"凭啥老爱拿自家小孩和别人比啊？我恨死我妈妈和表妹了！我很难过！也很痛恨！

为什么？为什么啊？我最讨厌父母口中的一句话就是：你看看人家谁谁谁，有多好多好，像人家学学。不是我叛逆，自己有自己的想法，每个人有每个人的活法，为什么这个人好，就一定要自己的孩子跟他一样好？我郁闷！如果强人所难也算一种教育的话，我想，那么所有的孩子都会成为父母的工具！为什么要拿自己的孩子跟别的孩子比呢？为什么要拿别人的孩子当榜样？孩子最大的榜样就是父母！自己都没有做好，凭什么要求自己的孩子完成未完成的心愿？不要把自己的快乐建立在孩子的痛苦之上！做父母的为什么就不去体谅了解孩子的苦恼，难道他们忘了自己也曾是从孩子长大的啊！可为什么明知道孩子不快乐，还逼迫他做自己不愿意做的事?! 有多少孩子的前途都毁在了自己父母的手上？不能选择自己喜欢的专业，不能做自己认为正常且对的事情，不可以这样，不可以那样……他们亲手抹杀了孩子的兴趣，一句"谁谁谁好，要是我们有他那样的孩子就好了"，就将我们那仅有的一丝自信打败。我不明白，我一点都不明白，原谅我的批判，原谅我的一派胡言！我只是不想活在不属于我的世界里！

以上案例在现实生活中并不少见。人都有争强好胜之心，总是希望自己的东西要比别人的好，这是可以理解的。从身边生活的角度审视一下，比如，北方人有点爱"面子"，幸福哪来的？比较出来的，和身边的人、熟悉的人进行比较，只要发现比别人好，就感觉幸福，也不管外边的人是怎样生活的。可能人家生活得很好，但他们也不比，而是羡慕，只比自己身边的人。这是一种比较普遍的做法。再者说，家长自己办不到的事情，把希望全部寄托在孩子身上，让孩子去争，完全不管孩子的感受，孩子已经成为家长争强好胜的工具。孩子是有自己的生命的，他们有自己的世界，他们并不是家长手中可以任意玩耍的布偶。当家长拿着自己的孩子去和别的孩子作比较时，有没有想过孩子自己的感受，这种无谓的比较给孩子内心留下的阴影只会影响他们的做事方式和做事效率，得不偿失。

笔者从多元智能发展不平衡的角度来阐释自己对此现象的看法。多元智能发展不平衡的表现之一是：不同个体同一智能的成熟速度、速率与成熟水平不同，不同个体的九项智能结构也不平衡，有的人九项智能结构中语言智能较强，有的人可能是数理—逻辑智能较强，有的人可能同时某几项智能较强。家长并没有意识到这一点，只是盲目地拿孩子作比较。不同个体九项智能结构不一样，这为不同的孩子有属于自己的闪光点奠定了生理学基础。自家孩子的某项智能成熟水平可能不及别人家孩子该项智能的成熟水平，此时拿孩子去跟别人家的孩子作比较，在某方面的能力肯定是比不过的，如果家长认识不到这一点，还希望自家的孩子能比别人家的孩子优秀，会给人一种精神上渴望"不劳而获"的感觉。更为严重的是，当自家孩子没有别人家的孩子优秀时，就会被一顿数落，有时孩子真的搞不明白，自己的父母这是喜欢自己多一些还是喜欢别人家的孩子多一些，自己在父母心目中的位置就是这样的吗？长此以往，不但会使家长与孩子之间的关系变得冷淡，更会给孩子心理上带来伤害。因此，家长千万不要拿自家孩子的短处去和别人家孩子的长处作比较。即便是某项智能同属于两个孩子的强项智能，家长也最好不要去拿他们作比较，家长作比较时在乎的仅仅是结果，也就是谁比谁强，这样的话，肯定会有一方的孩子会被比下来。试想一下，如果我们比较擅长的东西被别人比下来，是不是会有一种很失落的感觉，同样地，孩子也是这样，再说他们年龄还小，心理还很不成熟，抗打击能力差，这样就会很容易给他们的内心留下阴影。

笔者以为，这种比较之所以会给孩子带来诸多的伤害，就是因为家长比较的对象不对，关注的重点也是错误的。而且比较的真实作用不是用来判定谁比谁强，而是通过比较能够发现孩子的不足之处在哪里，以及为什么会这样，弥补的措施是什么。如果家长非要比较的话，可以拿自家孩子的过去与现在作比较，也可以拿孩子的成功与失败作比较。希望家长不要因为渴望一次自己心理上的满足而"无情"地使孩子丧失前进的动力。

12. 如何看待"缺乏对儿童的个性化教育"这一现象

一个叫小丽的女孩，生着一对水灵灵的大眼睛，活泼好动，上课总是安静不下来，她手里常常拿着个东西玩，有时是一面小镜子，有时是一支笔，她最喜欢做的事情，就是拿一把小刀在书桌上搞"创作"，书桌上、座椅上甚至墙壁上，常常留下她"创作"的痕迹。因此，她的听课效果大打折扣，学习成绩可想而知，老师多次找她谈话，效果甚微。

随着年级的升高，学习压力越来越大，小丽的自信心每况愈下，整天没精打采的。家长和老师都很着急。一次"偶然"的机会，小丽走进了学校的版画室，她一下就被版画室中陈列的精美版画作品吸引住了，而且看到版画小组同学手中拿着刻刀专心致志搞创作的样子，小丽的眼睛绽放出渴望的光芒。这一切，早已被站在旁边的版画老师看在眼里，他微笑着对小丽说："如果你喜欢，可以加入我们的版画小组。"

从那一天开始，小丽第一次拿起了刻刀。在韩老师的精心指导下，小丽对版画产生了浓厚的兴趣，她几乎把所有的业余时间都花在了版画上，一有时间就往版画室里跑，一幅作品往往需要千刀万刀才能成功，小丽却乐此不疲，她的版画创作渐入佳境，不仅在技法上进步很快，而且创意独特。不久，她的一幅以家乡人物为题材的版画作品在全省获了二等奖，而且还发表了。

小丽在学习版画的过程中找到了极大的乐趣，感受到了成功，重新建立了自信，各科学习成绩也得到了迅速提高。当然，在小丽学习的过程中班主任和美术老师始终配合默契，不失时机地因势利导，终于使小丽从精神状态的低谷中走了出来，那一年高考，小丽以优异的成绩考上了重点大学。

随着教育改革的不断深入，尤其是新课改以来，对儿童进行教育的新模式层出不穷。个性化教育虽然也是这么多教育模式中的一种，但它有着源远流长的历史，与因材施教一脉相通。何谓个性化教育，一般来说，"个性化教育是指通过对被教育对象进行综合调查、研究、分析、测试、考核和诊断，根据社会或未来发展趋势、被教育对象的潜质特征和自我价值倾向以及被教育对象的利益人的目标与要求，量身定制教育目标、教育计划、辅导方案和执行管理系统，并组织相关专业人员通过量身定制的教育培训方法、学习管理和知识管理技术以及整合有效的教育资源，从潜能开发、素养教育、学历教育、阅历教育、职业教育、创业教育和灵修教育多个方面，对被教育对象的心态、观念、信念、思维力、学习力、创新力、知识、技能、经验等展开咨询、策划、教育和培训。"

笔者从多元智能发展不平衡的角度为实施个性化教育找到了生理学上的支撑，也就是实施个性化教育的必要性。多元智能发展具有不平衡性，因为每个人的强项智能、甚至强强智能的组合排序千差万别，注定了后天的教育应该是不一样的，每个人都应该有属于自己的教育方式，以因材施教为原则，进行真正的有差别的教育。当然这只是理想状态的教育，现实的问题是我国为了教育的公平公正，学校的教学评价标准过于统一，而且缺乏实施个性化教育的资源，教师的教学观念也跟不上，放弃了个别化教育。但笔者认为，从教育的长远发展来看，个性化教育还是要实施的，如何实施，关键在家长，在家庭教育中，父母更应该注意儿童的强项智能，也就是儿童的兴趣、爱好以及做事的风格，在这一方面下大功夫，培养儿童的特长。小丽的故事就是为数不多个性化教育较为成功的案例。结合小丽的案例与个性化教育的定义，笔者以为，在当今社会实施个性化教育要注重以下几个方面，这里主要强调可操作的家庭教育：一是家长要尽可能地在儿童教育方面多投资，根据儿童的个性特点，进行相应的专业辅导，不断挖掘和发现儿童的优点，也就是强项智能或者强强智能，当然，辅导班的选报，家长一定掌握一个"度"，过犹不及；二是家长要学会多元评价，为实施个性化教育提供平台，不能只以分数论英雄，要综合考虑，发现孩子的特长并加以培养。实施个性化教育的具体措施，学界已有诸多研究，此处不再赘述。

13. 孩子的未来发展道路，家长应该指定吗？

以下是关于这一现象该不该发生的一次辩论：

主题：家长该不该规划孩子的未来

正方：要规划但要规划得当

汪老师认为，家长应该规划孩子的未来，因为孩子的可塑性很强。这当中，家长的素质很重要，要规划得当，前提是要适合孩子。

由于长期在一线担任班主任，日常工作中，汪劲松也接触了不少"急功近利"的家长。在汪老师看来，对于孩子的规划切忌"拔苗助长"，不能太追求名利，孩子的成长有其规律，如果什么事都由父母包办，孩子只会懒怠，不作为，或者是喜欢做表面文章，最终还是害了孩子。而孩子的教育，人格健全是前提，要根据儿童优缺点来发扬优点、弥补不足。

不规划不是合格家长，新爸爸陈先生的女儿明天将迎来"满月"。对于孩子的教育与未来，他认为家长要进行规划和指导，否则，这样的家长是不合格的。因为，最清楚孩子资质和综合情况的是家长。在这个前提下，家长会根据对社会的认知来规划孩子的道路，但这种规划应是指导性的，而不是强迫性的。

陈先生说，虽然女儿还很小，但他会持续关注孩子，根据孩子的兴趣，来给她适当的教育。在他看来，"五道杠少年"父母的做法虽有些急功近利，但也有其合理性，社会也需要"五道杠少年"。只要孩子乐于接受，就无可厚非。

反方：别太早给孩子高目标

陆老师认为，孩子的成长应该符合教育规律，过早给孩子太高的目标，过早为孩子设计将来的发展蓝图，不仅无效，反而是有害的。

陆老师说，孩子的喜恶完全取决于父母的引导。孩子就像一棵幼苗，你要让它长成参天大树，还是让它长成花园里的"盆栽植物"，完全取决于父母的态度。现在很多家长过于"望子成龙"，孩子才一点点大，就让学这学那，连周末休息的时间也没有，孩子缺少了快乐的童年，他的人生将是不完整的。超前教育要把握好一个度，把握不好反而会适得其反，以前报道的科大少年班的孩子，有些不仅没有成材，反而因为一事无成，泯然众人，前车之鉴，应引起重视。

教育孩子，过于急功近利，望子成龙，望女成凤，也许是太想让孩子成材，所以，不经意间把成人的意愿强加于他们。

好妈妈胜过好老师。不可否认，父母最了解孩子，是孩子最好的老师，对孩子的教育，父母应有一定的规划和引导。如何规划引导，关键是要把握好一个度，更多考虑一下"我们的孩子想怎么样"，而不是单纯考虑"我们的孩子能怎么样"。

教育孩子是一门技术活，每个家长都有自己的方式，但父母是父母，孩子是孩子，孩子想要的、适合孩子的才是最好的。

从上述的辩论中可以清楚地看到，在家长应不应该指定孩子未来的发展道路上存在着分歧。每个人考虑事情的出发点不一样，自然对这一问题有不同的见解。笔者以为，家长在孩子的成长道路上不应是他们的铺路者和指定者，而应是发现者、帮助者和引导者。

之所以有许多家长在孩子的成长道路上成为了铺路者和指定者，在笔者看来，还是因为家长对孩子的爱，只是家长对孩子的这种爱没有把握好"度"而已，他们总想让孩子活在自己这棵大树的树荫下，生怕孩子被外边的风吹着，雨淋着，太阳晒着，生怕孩子在自己选择的道路上走弯路，但大树终有倒下的那一刻，家长能保证一辈子都为孩子挡风遮雨吗？如果从孩子小时候就对他们的选择大加干涉，使孩子就像是机器人一样，只知道服从命令，按程序做事，长大以后，他们肯定会缺乏选择的意识；有的家长甚至把孩子从出生到他们参加工作的道路全都铺好了，孩子要做的就是把这条路走完，但这条在家长看来可能是康庄大道的路，在孩子看来可能只是条羁羁绊绊的坎坷路。孩子是不断成长的，在成长的过程中也不断变化，这就决定了家长提前给孩子铺的道路多数情况下不是他们自己想要走的，家长给孩子指定道路就像是牧羊人拿着皮鞭驱赶羊群去吃草，而实际上羊群该去河边喝水了，这样孩子对父母指定的道路肯定是有抵触情趣的，就算是孩子顺从了父母，但如果孩子走了一半发现走的道路不是他们想要的，是继续走下去还是另辟蹊径，但不管选择哪种都是在浪费他们的时间。

如果家长在孩子的成长道路上充当发现者、帮助者和引导者的角色，那么，孩子就可以选择做那些他们感兴趣的、自认为能够胜任的事情。从多元智能发展不平衡的视角出发，人的九项智能之间会有一个强弱交替，这就决定了每个人的兴趣、擅长做的事情都会发生变化，这也决定了每个人走的道路是不能够被预见的。再者，人的智力活动是多种智能的综合结果，在九项智能中的智能组合和排序千差万别，表现出来的能力也多种多样，所以会有"三百六十行，行行出状元"，因此，如果家长充当发现者的角色，就能够发现孩子到底对哪些事情感兴趣，他们感兴趣的这些事情是不是对其未来的发展有益；充当发现者的角色，要求家长必须与孩子密切联系，这样才能够加强孩子与家长之间的关系，发现他们感兴趣的事情；家长还应该在孩子的成长道路上引导他们，避免他们出现走偏路的现象，在一些不利于孩子成长的方面给予帮助和教育，使其不同的智能都有所提高，强者更强，弱者变强。因此，笔者认为，家长应该在孩子成长道路这个问题上，把选择的主动权交给他们自己，家长要做的仅仅是去发现他们对什么感兴趣，引导他们怎样才不会走弯路，而不是为他们提前铺好道路，也不是指定他们该走何路。如此，水到渠成、顺势而为，有所作为。

14. 如何看待有些学校把学习成绩看成是衡量一切的标准这一问题

下面是一位教师的独白：

今天是高一年级的阶段性考试，早上的时候，我扫视了教室一圈，小灵没有来学校。等开考的时候，她还是没有来，于是，我给小灵的妈妈发了短信，问她怎么没有来上学。一会儿，小灵的妈妈发来短信，说她对自己的数理化感觉很没有信心，所以不想参加这次考试，于是在家里了。监考结束，我和小灵的妈妈通了电话，了解了具体的情况后，小灵妈妈说："孩子自己觉得成绩不好，害怕给班级拖后腿，老师嫌弃，所以不愿意参加考试。"我向孩子妈妈说明了自己的一些观点后，让她告诉小灵，等后天她来学校后我再和她好好谈谈。

这应该是我第二次听到这样的想法了，以前也有过同学害怕成绩不好老师嫌弃。不过我想说，作为一名教师，尤其是班主任，是不会仅仅凭借学习成绩来评价一个学生的。诚然，在教育功利化盛行的环境里，很多人都是凭借学习成绩评价学生，尤其高考制度，是典型的学习成绩评价机制。昨天看新闻，天津大学校长说："分数决定一切是高考的最大弊端。"学生最终的优劣，似乎通过一次考试就贴上了标签。这也不难理解，因为从目前的选拔机制来看，分数是最为公平公正，也最为直接的选拔标准。但是，现在很不好的一个问题就是，很多时候，分数成为了衡量的唯一标准。这一点，体现在社会中，显得更为直接，每年高考结束后，社会最为关注的就是哪个学校考了多少名牌学生。

诚然，小灵就读的学校是一所用学习成绩衡量一切的学校，从小灵对待阶段性考试的态度来看，她已被这种评价方式伤害颇深。凡是那些把学生的学业成绩作为衡量学生一切标准的学校差不多都是注重功利化的学校，这些学校的教学目标与教学评价标准重叠，甚至说是用教学评价标准取代了教学目标，而这种教学评价标准不是学生的全面发展，更不会去关注学生的个性发展，他们只注重学生的学习成绩。真正以学生为主的学校不会把学生的学习成绩看成唯一，学生的学习成绩只是用来检测学生在学习过程中会遇到哪些困难以及学生完成学业的实况。学生的发展是德智体美劳的全面发展，智只是学生全面发展的一个组成部分，而非全部，它虽处于基础地位，但更多的是为学生其他各方面的发展奠定基础。因此，学校把学生的学习成绩看成是衡量学生一切的标准是片面的，给人一种本末倒置的感觉。

把学习成绩作为衡量学生一切的标准既不利于学生的全面发展，也不利于学生的身心健康。从多元智能理论及其发展的不平衡性来看，学生具有全面发展的可能性，在学校中的学习也并不是每个学生都擅长的，从这个角度来看，学习成绩不能作为衡量学生一切的标准；我国在不同历史阶段的教育宗旨也是不同的，新世纪以来，我国的教育宗旨是教育必须为社会主义现代化建设服务，必须与生产劳动相结合，培养德、智、体、美、劳等全面发展的社会主义建设者和接班人。从这个角度来看，把学习成绩作为衡量学生一切的标准是与我国的教育宗旨相违背的；从现实生活看，许多学生进入社会后发现在学校学的好多知识没有用到，反而要在社会这所大学校内继续学习，如此看来，把学习成绩作为衡量学生一切的标准其实就是在浪费学生宝贵的时间。因此，无论从生理学角度、我国的教育宗旨，还是从现实实践状况来看，学习成绩都不应该成为衡量学生一切的标准。

15. 如何看待儿童全面发展的问题

成都市教育局《关于进一步规范基础教育办学行为有关问题的通知》中规定："坚持义务教育阶段公办学校就近免试入学，任何公办、民办和各类进行办学体制改革的小学、初中不得以考试的方式择优选拔新生，也不得以小学阶段各类学科竞赛（如小学数学奥赛等）成绩作为录取新生的依据。"

成都市教育局出台的《关于进一步规范基础教育办学行为有关问题的通知》虽然表面上看是用来规范基础教育办学行为的，但究其本质是针对当前人们秉持的错误的儿童发展观的一次修正。各种择优选拔学生或者以各类学科竞赛成绩作为录取新生的依据都是儿童全面发展观所不允许的。

我国的教育目标明确规定：培养德、智、体、美、劳全面发展的、具有创新精神、实践能力和独立个性的社会主义现代化需要的各级各类人才。孩子的发展应该是一种全面的发展，是德、智、体、美、劳各方面，全方位的发展，但全面发展并不等同于德智体美劳的同步发展，它是一种独立个性的发展。很多人会认为全面发展和独立个性二者是相互矛盾的，其实二者并不互相排斥。所谓全面发展，是指受教育者个体必须在德智体美劳诸方面都得到发展，不可或缺，即个性的全面发展；所谓独立个性，是指德智体美劳等素质在受教育者个体身上的特殊组合，不可一律化，即全面发展的个性，二者的关系是辩证统一的。多元智能发展不平衡理论认为，同一个体其各项智能发展有早有晚，应该抓住每项智能发展的关键期，同一智能在不同个体身上发展也会有早有晚，应该正确看待这一现象。每个人与生俱来都有九项基本智能，这九项基本智能的存在说明了每个人都具有全面发展的可能性，但因个体不同、各项智能发展存在差异，又使我们的全面发展具有了独立个性。

智能虽然是相互独立的，但智能所表现出的各种能力是相互影响的，可以利用一种能力去培养、发展另一种能力，在综合实践活动中，我们所运用到的能力其实是各种智能所表现出来的能力的合力。全面发展的过程是各种能力此消彼长、相互影响的过程，在这个过程中，各种能力都会得到不同程度的提高，而各种能力综合而成的合力也会有层次性的提高。

但在现实中，家长对待孩子的发展出现了两个极端的矛盾，一种是，认为孩子的发展是同步的全面发展，为此给孩子报了各种各样的兴趣班，不管孩子喜不喜欢，也不管孩子的各项智能发展到哪种程度，家长的此种做法无异于拔苗助长，只会适得其反；另一种则是，只注重孩子特长的发展，发展孩子的某一项或两项技能，主要表现为对于孩子未来升学所需要到的奥数、体育特长等加以培养，这样的孩子将来步入社会多数很难适应社会发展。对此，笔者建议各位家长：首先，树立正确的全面发展观念；其次，观察孩子的兴趣表现，根据其兴趣表现来培养孩子的全面发展；再次，对待孩子的成长切勿操之过急。

小　结

　　本章主要为案例分析，笔者将儿童多元智能发展不平衡理论、能力是一种合力的理论以及行为主义和认知主义学习理论的辩证统一关系等观点运用到实际案例中，对现实生活中存在的各类现象或问题进行解释。希望教育工作者或家长在教育孩子方面多加思考、客观对待、理性分析，观察和留意孩子在成长过程中的一些行为表现，有针对性地给予教育，既不拔苗助长，也不放任自流，以促进孩子的全面发展。

后　记

　　亲爱的读者朋友们，当你们打开这本书时我想我们便是朋友了，至少我们的目的都是一样的———一切都是为了孩子。

　　关于这本《儿童智能发展不平衡研究》，笔者的初衷是以一位孩子父亲的身份与广大家长朋友们分享如何更好地教育孩子、更好地陪伴孩子成长。作为家长，在孩子的成长过程中总会遇到这样或那样的问题，例如，为什么孩子的成绩一直上不去？为什么孩子的学习比同龄人有困难？为什么一上初中，孩子的成绩就下降了？为什么同事的孩子以前不如自己的孩子，现在都超过了自己的孩子？这一系列问题，无时无刻不在困扰着家长们，我们渴望找到答案。作为父母都会对孩子抱有一定的期望，当期望无法实现时，多数家长们都会体验到这种期望低于孩子实际发展的心理落差。笔者也是在关注孩子的成长过程中一路体验着，并和孩子一起成长。这便是《儿童智能发展不平衡研究》的源头了。在近十年的研究与观察中，结合自己孩子成长的切身经验，笔者终于将这些体会整理成书。作为一名父亲，笔者希望能够借这本书来与我们的家长朋友们交流心得，也希望此书能够对孩子的成长有一定的帮助。

　　作为一名教育研究与工作人员，笔者从事教育教学工作数十载，一直致力于儿童智能发展的研究，也在各类核心期刊上发表过自己的一些理论见解。如今，理论基础与实际研究经验积累到一定程度，本书的理论体系形成了。《儿童智能发展不平衡研究》一书分为三部分。第一部分，笔者在加德纳多元智能理论的基础上提出多元智能发展不平衡理论，认为个体的九项智能的发展是不平衡的，九项智能的发展速度和速率是不平衡的，不仅有强弱之分，还有可能在某个时间段内出现智能强弱之间的轮替，而且，不同个体之间同一项智能发展的速度和速率也是不平衡的，有的先早后慢，有的先晚后快，有的先早后平稳……儿童的教育要根据具体情况，依个人的智能发展因材施教，切莫拔苗助长。此外，还重点强调智能、智力与能力的关系，智能发展是不平衡的，智力和能力发展也是不平衡的，个人经过后天的努力主要提高智力和能力，智能是后天发展的基础，后天努力才能体现智能的价值，并深入探讨了智能、智力和能力三者之间的关系。比如，对方仲永现象的解释，笔者认为，方仲永不是不努力，只是他的语言智能发育较早、较快，后期发展较慢，成年后语言智能和平常人差距不大，因此其在语言方面的优势不复存在，后期就很难有所成就。

第二部分，笔者提出行为主义和认知主义学习理论的对立统一关系。行为主义和认知主义学习理论在人一生的发展中，都是揭示人如何学习的理论，并促进人更好地学习，两者之间既有区别，也有联系，是互为基础、相互促进、相互发展的对立统一的关系。在儿童成长的早期，也就是约 12 岁（因人而异）之前，行为主义所起的作用是决定性的，此时我们可以调用行为主义的一些教育方法来帮助儿童更好地成长，例如，小步子、强化、及时给予反馈等。而在 12 岁以后，认知主义开始发挥主导性的作用，我们要学会尊重儿童的一些选择。但是，无论在哪个阶段，这两者都不是"全或无"的关系，它们贯穿人的一生在起作用。例如，在儿童的学习与背诵中，我们可以用行为主义的一些方法来打破遗忘规律以帮助儿童的记忆，这种方法在儿童发展的任何阶段都起作用。

第三部分，笔者强调了后天努力与家庭教育的至关重要性。笔者一直把"成功是成功之父"（从另外一个角度看待"成功"）、"人生的每个阶段都需要努力"作为座右铭。后天教育在个体一生发展中的作用是不可小觑的，在智能一定的基础上，后天教育对个体的发展有时起着决定性作用。它能使我们的优势智能更优、劣势智能变强，使我们的发展更为全面与完善。在后天教育中，家庭教育的作用不可忽视。家庭教育的作用在儿童成长的早期尤为明显，家庭教育在个体发挥优势智能的启蒙和形成初期，具有不可替代性，如果家庭教育持续时间长，其作用与影响将贯穿人的一生。对儿童进行教育时，父母要注重方法、注意观察，通过儿童的一些外在行为来发现儿童，并以此为入手点来教育儿童、启发儿童。同时，在教育儿童方面，要掌握一个"度"，过多的表扬或过多的批评都是不可取的。最后，还要强调一点，学校教育与社会教育对儿童的成长与发展同样具有不可替代性。在这三大教育中，家庭教育是基础、学校教育是主导、社会教育是家庭教育与学校教育的扩大与补充。此外，笔者将本书的理论进行总结，并以案例的形式做出具体分析，这些案例是我们在儿童成长过程中或多或少都会遇到的问题。笔者的目的在于：第一，帮助我们的读者朋友们更好地理解这本书的理论，从而能在儿童成长过程中起到一定的指导性作用；第二，这些问题也是笔者多年的观察与研究总结，好多都是家长实际遇到的问题，希望能就此帮助家长朋友们切实解决问题。

在本书完成之际，还需特别说明三点：一是部分理论只具雏形，仍需深入研究挖掘，例如，关于多元智能发展不平衡理论、行为主义和认知主义的对立统一关系以及后天努力与家庭教育等方面的研究均系笔者联系自身经历提出的一些观点和看法，理论性有待加强，若部分观点有不当或不完善之处，欢迎各位专家和读者批评指正。二是书中的大部分插图为笔者自己的手绘图，因笔者在绘制图表方面专业知识稍有不足，个别地方绘制不免有些简单和粗陋，若有不当之处也请多加批评指正。三是书中个别地方引用了相关网络资料，没有一一做出明确注释，在此深表歉意。

最后，笔者要特别感谢德州市天衢东路小学何学艳老师和我的两位助理陈琳（云南师范大学研究生）、杜春猛（安徽师范大学研究生）的鼎力相助，尤其是在讨论捕捉灵感方面及写作过程中，都离不开他们的帮助与支持。同时，在多位心理学、教育学界同行的帮助与配合下，笔者才一步一步克服困难，最终完成本书的编写。此外，还有一些工作人员，没有他们的帮助，这本书也不会完成地如此顺利、有序。在本书的出版过程中，人民出版社给予了大力支持，特别是王欣编辑为本书的出版付出了辛勤劳动。在此一并致以最诚挚的感谢。

霍洪田

2015 年 3 月

责任编辑：王　欣

美术编辑：朱万能

图书在版编目（CIP）数据

儿童智能发展不平衡研究／霍洪田著．—北京：人民出版社，2015

ISBN 978－7－01－015209－7

Ⅰ．①儿…　Ⅱ．①霍…　Ⅲ．①儿童-智力开发-研究　Ⅳ．①G610

中国版本图书馆 CIP 数据核字（2015）第 214094 号

儿童智能发展不平衡研究

ERTONG ZHINENG FAZHAN BU PINGHENG YANJIU

霍洪田　著

人民出版社 出版发行

（100706　北京市东城区隆福寺街 99 号）

三河市金泰源印务有限公司印刷　新华书店经销

2015 年 10 月第 1 版　2015 年 10 月北京第 1 次印刷

开本：710 毫米×1000 毫米 1/16　印张：15.25

字数：230 千字

ISBN 978－7－01－015209－7　定价：42.00 元

邮购地址 100706　北京市东城区隆福寺街 99 号

人民东方图书销售中心　电话（010）65250042　65289539